巢峰先生纪念文集

上海辞书出版社

1928.7-2023.1

巢峰 1928.7-2023.1

1985年巢峰与《辞海》副主编苏步青、石美鑫

1987年巢峰与《辞海》常务副主编罗竹风等人

2001年巢峰与《辞海》主编夏征农、副主编李国豪

2001年巢峰与《辞海》副主编钱伟长

巢峰与《辞海》副主编裘沛然

2005年巢峰与《辞海》副主编、上海辞书出版社原社长束纫秋

2014年《辞海》主编陈至立向巢峰颁发常务副主编聘书

2014年《辞海》主编会议合影

2000年巢峰与经济学家于光远

2004年巢峰与新闻出版署原副署长、中国编辑学会会长刘杲

2010年巢峰与《辞海》常务副主编陈昕

2001年巢峰同志出版思想研讨会

2008年巢峰为第三期辞书编辑出版人员资格培训班授课

巢峰与辞书学家杨祖希、徐锡祥、薛昌懿

巢峰与辞书学家徐庆凯

巢峰审阅《辞海》校样

巢峰在福建

1928.7-2023.1

荣誉证书

巢峰 同志长期从事出版工作，为社会主义出版事业做出了积极贡献，特此颁发荣誉证书。

中华人民共和国新闻出版署 中国出版工作者协会

一九八七年 月

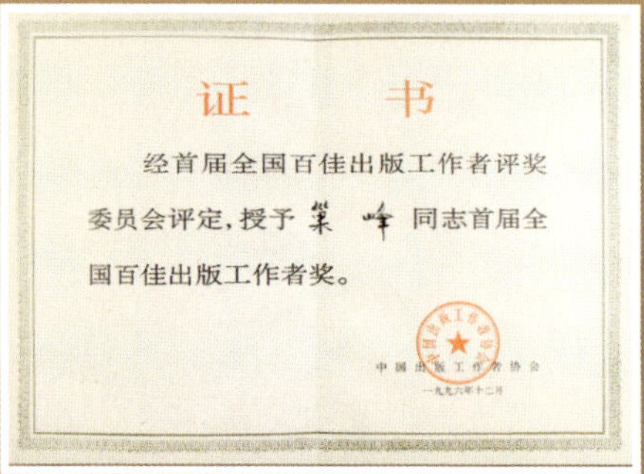
证　书

经首届全国百佳出版工作者评奖委员会评定，授予巢峰同志首届全国百佳出版工作者奖。

中国出版工作者协会

一九九六年十二月

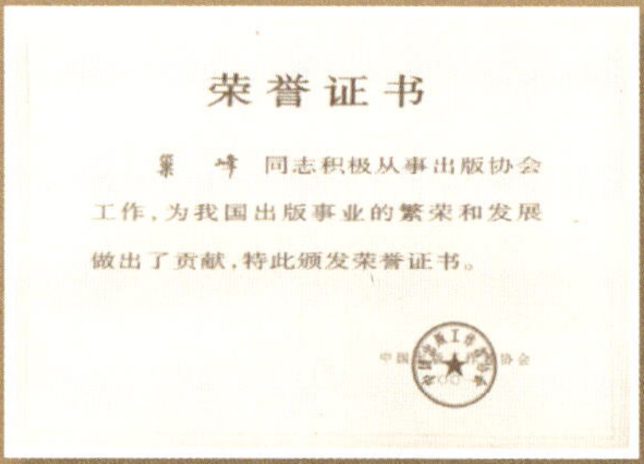
荣誉证书

巢峰 同志积极从事出版协会工作，为我国出版事业的繁荣和发展做出了贡献，特此颁发荣誉证书。

中国出版工作者协会

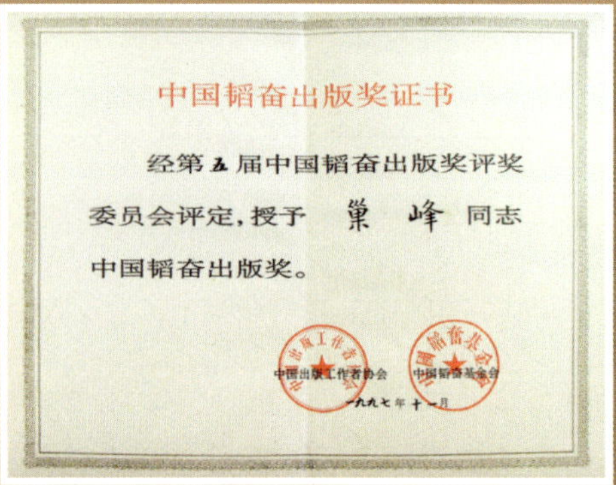
中国韬奋出版奖证书

经第五届中国韬奋出版奖评奖委员会评定，授予巢峰同志中国韬奋出版奖。

中国出版工作者协会 中国韬奋基金会

一九九七年十一月

辞书事业终身成就奖

获奖证书

巢峰先生

您荣获我会评选的辞书事业终身成就奖。特发此证。

中国辞书学会

2006年5月

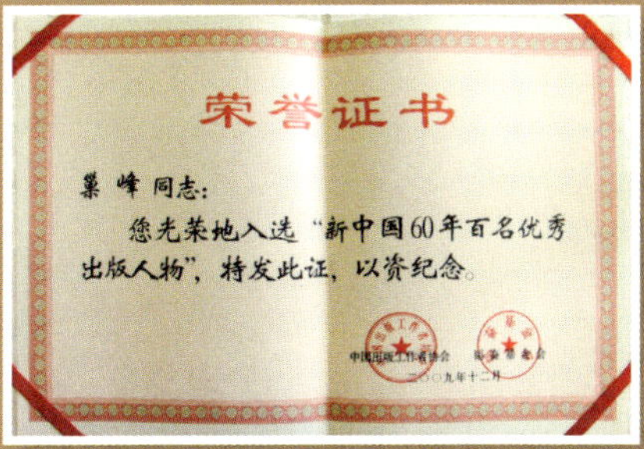

荣誉证书

巢峰同志：

您光荣地入选“新中国60年百名优秀出版人物”，特发此证，以资纪念。

中国出版工作者协会　韬奋基金会

二〇〇九年十二月

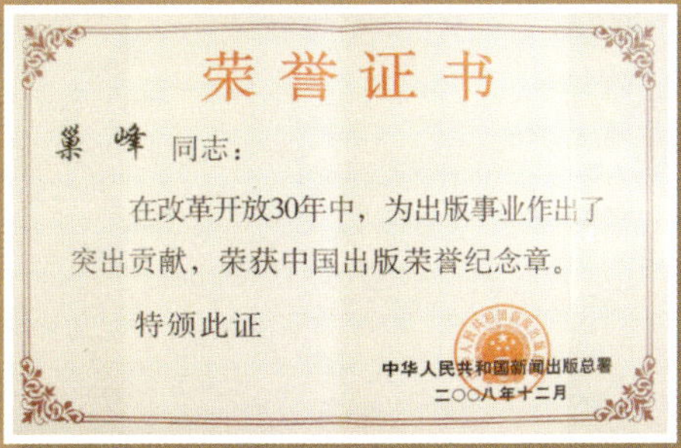

荣誉证书

巢峰同志：

在改革开放30年中，为出版事业作出了突出贡献，荣获中国出版荣誉纪念章。

特颁此证

中华人民共和国新闻出版总署

二〇〇八年十二月

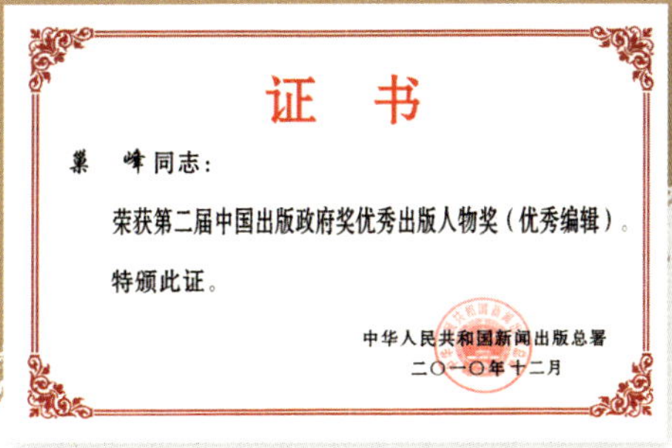

证　书

巢　峰同志：

荣获第二届中国出版政府奖优秀出版人物奖（优秀编辑）。

特颁此证。

中华人民共和国新闻出版总署

二〇一〇年十二月

荣誉证书

HONORARY CREDENTIAL

巢峰　同志：

荣获“中国十大优秀出版编辑”荣誉称号。特发此证书，以资鼓励。

中国编辑学会

2018年11月

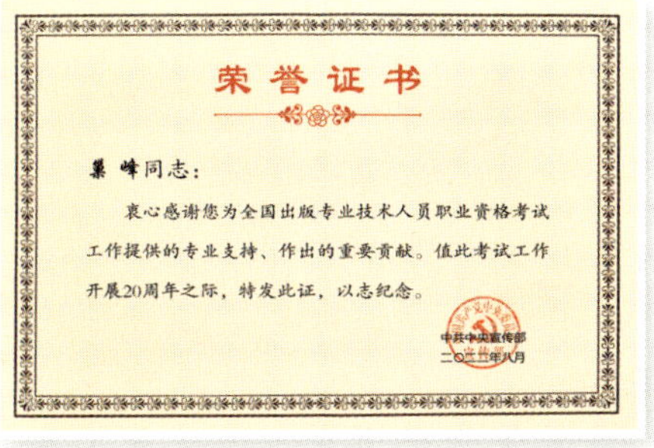

荣誉证书

巢峰同志：

衷心感谢您为全国出版专业技术人员职业资格考试工作提供的专业支持、作出的重要贡献。值此考试工作开展20周年之际，特发此证，以志纪念。

中共中央宣传部

二〇二二年八月

巢峰同志追思会

巢峰同志生平

中国共产党优秀党员，著名出版家、辞书编纂家、经济学家，《辞海》《大辞海》常务副主编，上海辞书出版社原党委书记、社长、总编辑巢峰同志，1928年7月5日生于江苏阜宁。少年时期即投身革命，1945年9月加入中国共产党。1947—1952年，在苏中二专署、苏北行署参加财政工作，任会计、室主任、科长。1952—1954年，任交通银行苏北分行科长、江苏省财政厅副处长。1954—1958年，任华东新闻出版局、上海市新闻出版事业管理处、上海市出版局副科长、办公室副主任、副处长。1958—1977年，任上海人民出版社副总编辑。1978—1999年，任上海辞书出版社副社长、副总编辑，党委书记、社长、总编辑，其间（1989—1994年）兼任上海人民出版社社长、总编辑。1987年被评为编审。巢峰同志曾担任上海市社会科学界联合会副主席，中国辞书学会名誉会长，中国编辑学会副会长，上海市经济学会会长、名誉会长，上海市编辑学会会长、名誉会长、顾问，入选“新中国60年百名优秀出版人物”，荣获中国出版政府奖优秀出版人物奖、中国韬奋出版奖、中国辞书学会辞书事业终身成就奖、“中国十大优秀出版编辑”称号等，主编《毛泽东思想大辞典》《邓小平思想理论大辞典》《儿童辞海》《小辞海》等，著有《政治经济学论稿》《出版论稿》《巢峰辞书学论稿》《辞书记失》等。

巢峰同志是我党培养的著名出版家。几十年来，巢峰同志始终坚持以马克思主义基本理论、观点、方法指导出版工作，较早提出出版应以社会效益为主要导向，社会效益与经济效益相统一的重要观点。巢峰同志率先将政治经济学的范式引入出版研究，提出“出版经济学”概念，并结合行业具体实际，发表一系列理论性、战略性和实践性相结合的命题、判断。在主持上海辞书出版社、上海人民出版社工作期间，大力探索出版体制、机制改革创新，推动我国出版事业出版产业的发展。

巢峰同志是我国著名的辞书编纂家。1978年后，他先后在夏征农主编、陈至立主编领导下，参与主持《辞海》第三、四、五、六、七版的编纂出版工作。在第三版编纂工作启动时，他在夏征农主编、罗竹风副主编（常务）支持下，坚决贯彻党的“解放思想、实事求是”的路线方针，负责起草《〈辞海〉（合订本）处理稿件的几点具体意见》，对思想文化领域的“拨乱反正”发挥了积极作用。1981年，巢峰同志等前瞻性提出《辞海》“十年一修”的修订原则，开启了《辞海》与时俱进的发展新阶段。1998年后，巢峰同志还参与主持了国家重大文化工程《大辞海》（38卷）的编纂出版工作。巢峰同志高度重视谋篇布局，主持制定了上海辞书出版社的辞书中长期发展规划，规划立意高、覆盖面广、操作性强，四百余种项目大、中、小型协调，通过规划的有效实施，填补了国家文化建设中的许多空白，其中数十种辞书荣获国家级图书奖，有力推动了我国辞书出版事业的发展繁荣。

巢峰同志是我国出版行业的领军者，辞书出版的实干家。针对一个时期辞书出版领域抄袭剽窃、粗制滥造、弄虚作假等现象，为净化出版环境，提高辞书质量，巢峰同志领导中国辞书学会并组织行业相关单位，在全国范围内开展打假批劣，并提出和推动建立辞书出版准入制度、辞书质量检查制度。巢峰同志理论与实践相结合，在辞书编纂理论和出版社科学管理等诸多方面都有深入研究，并善于归纳总结，为行业贡献真知灼见，丰富了我国辞书学理论，促进了我国辞书事业的发展。

作为"辞海人"的杰出代表，《辞海》事业在巢峰同志心目中始终居于崇高位置，几十年孜孜矻矻、念兹在兹，即使已年过九十，长期因病住院，仍时刻关心《辞海》（第七版）编纂出版工作，在病床上批阅《辞海》稿件。巢峰同志曾提出《辞海》工作的"四严"要求，即"严谨的作风、严肃的态度、严格的纪律、严密的制度"，并总结《辞海》工作的成功经验，即"奉献精神、科学态度、严谨作风、创新意识、整体观念、严明纪律"。作为《辞海》工作的长期具体主持者，他对“一丝不苟、字斟句酌、作风严谨”的“辞海精神”的提炼形成起到了重要作用。

坚守初心、担当使命，守正创新、求真务实，严肃认真、开拓进取，敢为人先、追求卓越，是巢峰同志入党七十余年、从事出版工作六十余年的生动总结和真实写照。

巢峰同志永远活在我们心中！

出版说明

著名出版家、辞书编纂家、经济学家，《辞海》《大辞海》常务副主编巢峰先生于 2023 年 1 月 8 日在上海逝世，享年 95 岁。巢峰先生的逝世是我国文化界、出版界的一大损失。

巢峰先生对我国文化事业尤其是辞书出版事业作出了重要贡献。为深切缅怀巢峰先生的功绩，生动展现他的道德风范，更好地传承发展他的出版思想和精神理念，上海辞书出版社和辞海编纂处特编辑出版本纪念文集。

谨此纪念巢峰先生！

上海辞书出版社

辞海编纂处

2023 年 12 月

目 录

contents

附录

在“出版人生——巢峰同志追思会”上的发言*

邬书林

巢峰同志是我非常敬重的老前辈、老同志。我敬重他，因为他是一位成就卓著的出版家、辞书编纂家，是一个信仰坚定、坚守使命担当的人；同时也是一个高瞻远瞩、具备战略思维的人，是一个尊重科学、按出版规律办事的专家。在近七十年的出版生涯中，他把全部精力奉献给了我国的文化事业，奉献给了《辞海》事业。我与巢峰同志交往数十年，他是我永远怀念和学习的前辈、大家。

我讲的“学习”不是虚幻的，我清楚地记得我是1982年到中宣部出版局工作的，当时的局长许力以在组织编纂《中国大百科全书·新闻出版》卷，方厚枢和我在他的领导下做《新闻出版》卷的

* 本文发表于《辞书研究》2023年第4期，收入本文集时略作修改。

框架条目设计工作。开始他建议我们借鉴《不列颠百科全书》《拉鲁斯百科全书》等世界知名辞书的框架条目确定方向，但这些书的框架条目是保密的。后来我们只能请新华社的专家把《不列颠百科全书》按字母排列，把和出版有关的条目一条一条摘出来，但那时我心里是不踏实的。最后许力以同志讲，你去拜访巢峰同志，把巢峰同志他们编纂的《辞海》已经出版的相关分册拿来作为基础。回想那三年，如果没有巢峰同志给我的《辞海》中与文化和出版相关的框架和条目，我们不可能在三年之内完成这项工作。所以说，向巢峰同志学习，是实实在在、真真切切的。

在编纂《中国大百科全书·新闻出版》卷的过程当中，巢峰同志两次到中宣部出版局传经送宝，我对其中一次的印象非常深刻。他说，稿子来了之后，你们一定要像《辞海》一样做一件“甩干”的工作，《辞海》编纂过程中有许多重要的经验，我想，做一本站得住脚的工具书，重点之一就是要按照辞书的编纂规律，把没有实质性内容的形容词、虚词，没有文献支撑的大话、套话、废话，统统“甩干”。所以巢峰同志那次讲话对我以后做出版工作和写讲话稿都有很大的启发、教育。那么多形式主义的东西，如果不“甩干”，要浪费多少人的时间。如果在我们的书当中有那么多需要“甩干”的东西，你不“甩干”要浪费多少人的时间。巢峰同志讲的《辞海》编纂的这条重要经验，是最后要做洗衣机的“甩干”工作，所以说向他学习是实实在在的，能够学到真东西。

我所以敬重巢峰同志，因为他是一名真真确确的辞海人。改革开放后每一版《辞海》的编纂工作，都凝聚了巢峰同志的心血和智慧。可以说,《辞海》的事业和巢峰同志的人生已有机地融为一体、密不可分。从第三版至第七版，前后四十年，他始终是《辞海》的具体策划者、组织者、实施者。巢峰同志说过："真理是同谬误相比较而存在，相斗争而发展。每次修订《辞海》，都是探索真理的过程，即认识和改正错误、并使之转化为真理或接近真理的过程。真理的长河是无止境的，因此，这一过程也是无止境的。《辞海》就是这样在真理的长河中探索前进的。"他提出辞书工作必须具备"奉献精神、科学态度、严谨作风、创新意识、整体观念、严明纪律"，必须有"严谨的作风、严肃的态度、严格的纪律"。也就是说，大型辞书出版工程是"三分编写，七分组织"，一个单位的好风气"养之三年不足，毁之一旦有余"。这些真知灼见，都是当下我们出版工作者要牢记的，不但要在《辞海》的编辑工作中发挥作用，对整个出版事业、对我们做人做事也都是须臾不可缺少的。

我所以敬重巢峰同志，因为他是一名英勇无畏的战士、运筹帷幄的大家。1979 年，他提出并起草了《〈辞海〉(合订本）处理稿件的几点具体意见》，冒着再次被"靠边站"、被打倒的风险，坚持真理，排除"左"倾思想干扰，此后历次的《辞海》编纂出版工作都可以看到他在这方面的坚定意志。在一些重要条目的修改过程中，当遇到来自方方面面的不理解、误解甚至是错误的干扰时，如果没有这种坚定的信仰和敢于坚持真理的精神，是做不到的。所以我认为巢峰同志是文化出版战线上践行伟大建党精神的表率。

我所以敬重巢峰同志，还因为他是一位出版领域的理论家、战略家和实干家。巢峰同志很早就明确提出，出版工作应当把社会效益放在首位，将社会效益和经济效益相统一。他敏锐地发现了中国出版业出现的膨胀型衰退苗头，当时日本称之为“大崩溃”，传到中国之后，巢峰同志感到中国要从日本出版业的教训当中吸取经验，为此专门写了文章。他始终推动《辞海》事业不断创新，走在我国大型辞书的前列。20 世纪 90 年代中期，就着手布局《辞海》数字化工作，他在出版体制机制改革创新等方面也做了积极的探索，可谓贡献良多。

改革开放以来，以巢峰同志为代表的前辈出版人用自己的辛劳和智慧，推动了我国出版事业的繁荣发展。今天，我们在这里，共同缅怀巢峰同志，回忆他辉煌的出版人生，学习他崇高的精神风范，无疑有着重要的意义。

中共二十大报告明确提出，要推进文化自信自强，铸就社会主义文化新辉煌。站在“两个一百年”奋斗目标的历史交汇点上，回顾过去、展望未来、总结经验，新时代的出版人应当像巢峰同志那样，有高远的抱负、务实的作风和积极的作为，通过自己的辛勤工作告慰我们的出版前辈、告慰巢峰同志。

2023 年 4 月 7 日

在“出版人生——巢峰同志追思会”上的发言*

郭义强

这次来参加巢峰同志的追思会，给了我一次弥补未能现场送别巢峰同志遗憾的机会，给了我一次在巢老英勇战斗的地方——上海表达对巢老哀思、追思的机会，给了我一次向巢老表达一个晚辈出版人深深敬仰的机会。我也代表中国图书评论学会再次向巢峰同志的去世表示深切的哀悼。

巢峰同志是当代著名的出版家、辞书编纂家、经济学家，他的去世是中国出版界、中国文化界、中国图书人不可弥补的损失。

在我眼里，巢峰同志是一位深深扎根在出版大业，为我国出版

* 此篇根据录音整理，未经本人审阅。

事业繁荣发展贡献了毕生理想、心血、智慧和力量的可敬老人。自1954年入驻华东新闻出版局，巢老始终与出版结缘，六十多年来为新中国的出版事业奉献了自己一生的智慧和力量。

他参与主持《辞海》第三版至第七版，以及《大辞海》的编纂出版工作，是唯一一位参与主持了五个版本《辞海》编纂出版工作的“辞海人”。他的生命与《辞海》《大辞海》紧紧交织在一起，紧密融合在一起。《辞海》《大辞海》以及众多出版精品力作、知名品牌都留下了巢峰同志永不磨灭的印迹。我们和中国一代代的读者都将深深地敬佩他、感恩他、怀念他。

在我眼里，巢峰同志是一位严肃、严谨，对待出版工作率先践行“辞海精神”的可敬老人。他在全部的出版工作实践中，始终坚持质量第一，以求真务实的科学态度、认真细致的作风对待每本书、每个词条、每个字词、每个出版环节，坚持“一丝不苟、字斟句酌、作风严谨”的“辞海精神”来统领编纂出版全过程。他曾谆谆嘱托，出版工作者要始终把读者放在心中最高位置，心中有责任，心中怀敬畏，认认真真地编纂对社会负责、对历史负责、对广大读者负责的高质量的出版物。以推出高质量的出版物服务党的工作大局，服务人类文化传承事业，服务人民群众。

在我眼里，巢峰同志是一位意志坚定，爱憎分明，坚持真理，令人肃然起敬的人，同时又是一个温文尔雅，待人和蔼可亲，令人如沐春风的老人。

工作中，他有勇气、有魄力，敢担当、敢负责，思想敏锐、实事求是，用高超的政治智慧和果断的执行能力，弘扬传统，追求创新。他充满了对同志的爱，对朋友的情，对同辈的关爱，对后人的提携与指导。生活里，他始终保持一位文化学者、出版大家清新的格调、严格的自律、很高的品质和品位。他为中国出版业树立了极高的风范。

中科院院士韩启德先生曾经说过这样一句话：“我们来过，爱过，奋斗过，还作出了贡献，留下一点光亮，那就是我们活着的意义。”他在以“死亡是温暖的”为主题的2023第五届北京大学清明论坛上提出“死亡是失去，也是馈赠”。我想，巢峰同志的离世是令我们无比悲痛的，但他的远去又不是凄冷孤独的，他的生前与身后都将留给我们深深的长久的温暖，赋予我们踔厉奋发、勇毅前行的力量。

我想起毛泽东同志那段著名的话：“无数革命先烈为了人民的利益，牺牲了他们的生命，使我们每一个活着的人想起他们不禁心里难过……让我们高举他们的旗帜，踏着他们的血迹前进吧！”完成巢峰同志未竟的事业，是我们对巢峰同志最好的纪念和追思。我和中国图书评论学会将发扬巢老的精神，进一步做好对好书的推荐等相关工作。

2023年4月7日

在“出版人生——巢峰同志追思会”上的发言*

郝振省

三个月前的1月8日，巢峰同志永远地离开了我们，大家都感到十分的悲痛。中国编辑学会也立即发出了唁电，悼念这位我国著名的出版家、编辑家和经济学家。今天我们大家一起来追思巢峰同志，是对巢峰同志悼念活动的继续和深入，具有特别的意义和价值。巢峰同志是位著名的出版家，他先后在夏征农、陈至立两位主编领导下，参与主持了《辞海》五个版本的编辑出版工作。他为这部我国最具代表性的大型综合性的权威辞书贡献了自己全部的智慧和心血。他是“一丝不苟、字斟句酌、作风严谨”的“辞海精神”

* 此篇根据录音整理，未经本人审阅。

重要的推动者、践行者和传播者。我们追思巢峰同志，就是要用他长期身体力行、积极倡导的“辞海精神”引导帮助编辑出版业的同仁，特别是青年编辑朋友，忠诚于党的编辑出版事业，专业、专注、苦练内功、爱岗敬业、建功立业，为推动我国出版事业的持续繁荣作出努力。

巢峰同志在长期的辞书编纂探索和实践中，特别是在《辞海》编纂出版过程中，从选题论证、编纂计划、方案编制、体例制定、组织分工、收词论证、试写样稿、组织撰写和审稿、编辑加工，到装帧设计、印刷、校对等环节，形成了一整套科学严谨的制度和规范，包括《辞海》（第七版）修订前，即组织对《辞海》（第六版）近 80 个学科从选词立目到释文内容，进行全面的检查和解剖，写出了一篇篇翔实、深刻的分析报告，全面有效地推动了第七版内容与整体质量的提升。这些制度、规范和修订经验，被全国辞书出版社吸收、采纳和执行。这些经验和方法，不仅适用于辞书的编辑出版过程，而且也适用于常规图书的工作流程。我们追思巢峰同志，就是要继承和发扬这些制度、规范和修订经验，包括他“三分编写，七分组织”的思想，让它们在我国的编辑出版领域持续长久地发挥作用，特别是在重点出版工程和重点图书工程实施过程中，要很好地借鉴、应用，努力实现编辑出版管理科学化、规范化和现代化。

巢峰同志对编辑队伍的建设和培养有着前瞻性的思考和谋划。

他在20世纪80年代初即提出，发展辞书出版事业的关键之一，就是要加强编辑队伍的培养和建设，建设一支有相当数量的敬业加专业的辞书编辑队伍。他指出，辞书编辑是精神文明的建设者，应当具有强烈的职业责任、高尚的职业道德和严明的职业纪律。在编辑人才队伍培养方面，他不遗余力地组织推动。在以刘杲同志、巢峰同志等为代表的一批出版界前辈的共同努力下，我国的出版专业技术人员职业资格考试工作顺利实施。巢峰同志在主持辅导教材编写、确保考试题目质量上都做了很多的工作，为出版事业培养人才作出了重大的贡献。我们追思巢峰同志，就是要像巢峰同志那样，思想上高度重视编辑出版人才培养，工作上为重要的培养环节出谋划策、舍得投入。我们要结合行业实践，认真学习贯彻习近平新时代中国特色社会主义思想关于人才工作和编辑出版工作的一系列重要论述，在人才培养规划制定、任务实施、政策激励等方面有所作为，特别是深耕继续教育，聚焦人才培养方面的分门别类、按级施教、长期规划。

一直以来，巢峰同志对中国编辑学会和会刊都给予了悉心指导和大力支持。20世纪90年代中国编辑学会成立伊始，他就当选学会副会长，长期指导学会工作，后来他做了中国编辑学会顾问。学会同仁还清晰地记得他在每次学会开会时睿智风趣的语言，对图书质量下滑的痛心疾首，为净化辞书出版环境所付出的巨大努力，等等。他是一位令人尊敬的学会领导人，也是学会工作的谋划人才。

2018年，学会经中宣部同意，国家科学技术奖励工作办公室批准，举办了首届“中国十大优秀出版编辑”评选活动，巢峰同志以崇高的声望和突出的贡献毫无悬念地荣获中国编辑学会“中国十大优秀出版编辑”荣誉称号，这是他作为著名的编辑家、出版家的实至名归，也是学会的光荣。

巢峰同志的编辑出版生涯，将在中国出版史上留下浓墨重彩的一笔，他的贡献和成就是我们宝贵的精神财富，我们要以巢峰同志为榜样，继承他的编辑出版思想，聚焦编辑队伍建设，推动出版业高质量发展，为建成社会主义文化强国、出版强国，凝聚队伍，不懈努力，踔厉奋发，勇毅前行。

2023年4月7日

纪念巢峰：
辞书事业不走下坡路，要走上坡路*

李宇明

95 岁的巢峰在 2023 年 1 月 8 日离开了我们。人离去了，但是他参与主持的《辞海》不会离去，他参与创办的中国辞书学会不会离去，他的辞书学思想不会离去！

对人的认识是逐渐深入的。我是在翻阅《辞海》时知道巢峰的，是在辞书“打假批劣”中关注巢峰的，是在做了中国辞书学会会长后全面了解巢峰的，是在阅读他的《巢峰辞书学论稿》（上海辞书出版社，2011 年。后文只标注页码者，皆引自此书）后深度理解巢峰的。他为中国辞书事业作出了巨大贡献，本文从以下四个方面谈些感受。

* 本文发表于《辞书研究》2023 年第 4 期，收入本文集时略作修改。

一、倾力打造《辞海》等品牌辞书

辞书是民族的集体记忆，是重要的社会文化工程。而品牌辞书便是民族集体记忆和社会文化工程的一方柱石。中国具有悠久的辞书传统，《尔雅》《说文解字》《方言》《切韵》《康熙字典》等，是中国传统品牌辞书的代表。20世纪至今，又创造了《辞源》《辞海》《新华字典》《现代汉语词典》《汉语大字典》《汉语大词典》《中国大百科全书》等现代品牌辞书。这些品牌辞书，从一个方面创建着民族的集体记忆，也长留在民族的集体记忆中。在现代品牌辞书的发展中，巢峰作出了重要贡献，主要表现便是对《辞海》的修订与研究。

第一，《辞海》的修订维护。

《辞海》首版1936年由中华书局出版，兼有字典、语文词典和百科词典的功能。词典需要不断的修订维护，大型综合性词典收录了大量百科性词语，特别是社会科学词语，与时代的关系十分密切，同字典、语文词典相比，更需要不断修订。《辞海》首版主编舒新城就认识到这一点："《辞海》出版于今日，应是今日的东西，绝不能单说往事而不说今日之事，尤不能不提人人伤心之事。"巢峰认识得更深刻："每次修订《辞海》，都是探索真理的过程，即认识和改正错误、并使之转化为真理或接近真理的过程。真理的长河是无止境的，因此，这一过程也是无止境的。《辞海》就是这样在真理的长河中探索前进的。"（第130页）

是的，1949 年中华人民共和国成立，1978 年国家实施改革开放，都要求《辞海》要与时俱进做重大修订。历经舒新城、陈望道、夏征农、陈至立四任主编，《辞海》已修订至第七版。2023 年 4 月 7 日上午在上海举办的“出版人生——巢峰同志追思会”，高度评价了巢峰对《辞海》修订工作的贡献，认为改革开放后的每一版《辞海》编纂工作，都凝聚了他的心血和智慧，《辞海》事业和他的人生有机融为一体。的确，改革开放后的《辞海》修订，不仅要考虑词条的增减，更要考虑释义的实事求是。具有民族集体记忆的品牌辞书的修订，不仅需要辞书学水平和百科知识水平，有时还需要政治智慧和政治胆略，巢峰负责起草的《〈辞海〉（合订本）处理稿件的几点具体意见》，便是这种智慧和胆略的表现。在改革开放以来的《辞海》修订中，在《大辞海》的编写中，在《辞海》的数字化进程中，在确定《辞海》十年一修订的制度上，作为主编主要助手的常务副主编，巢峰之功厥大，的确是在以“传世之心”打造“传世之作”。

第二，《辞海》等品牌辞书的研究。

巢峰不仅为《辞海》第三至七版的修订出版做了大量的领导和具体工作，还对《辞海》等辞书做了多方面独到的研究。这些研究对《辞海》的修订、发展起到了理性指导作用，也为我国的辞书学作出了贡献。

巢峰在《辞书特性探索》一文中，提出辞书要具备五大特性：

知识性；科学性；稳定性；简明性；思想性。（第 31—55 页）对“科学性”的阐述尤其详备，认为首先要做到“收词合理”，明确指出：“辞书与一般著作不同，一般著作有明确的纲领体系。辞书以词条为单位，每个词条独立成篇，即使以学科分类的词典，从表面看，各条之间，似乎也没有什么内在联系，至于以部首、笔画或音序编排的词典，上条下条，往往风马牛不相及，似乎更没有什么关系。其实，一本辞书是一个整体，它的收词应以辞书的性质、规模的不同，经过反复研究确定，词条之间分别存在着内在的或外在的联系。收词，是编纂辞书继制定总体框架（编纂计划）之后，一个不可逾越的重要环节。可以说，收词的成败决定辞书的成败。”（第 39 页）

巢峰认为，收词的一项重要原则是“门类平衡”，不同门类在收词上可有所侧重，但不能畸轻畸重，必须保持恰当比例。收词既要注意大的门类平衡，也要注意小的系列平衡，注意由密切相关的词组成的“词系”。这样可以保证辞书的“查得率”。对于那些不成词的词、昙花一现的词和见词明义的词，不应收录。词语释义要准确，避免“窄义宽释”“宽义窄释”；要“尊重历史，忠于事实”；对于有不同认识的词条，可以诸说并存：“辞书不同于学术专著，后者一般持一家之见，仁者见仁，智者见智；而前者则应尊重客观存在的不同观点，即对学术上有争论而尚无定论的问题，采取诸说并存的处理方法。唯有如此，才不致以偏概全，才符合科学性的要求。”（第39—43页）甚至认为“一条有质量的条目，远胜于一篇平庸的论文”（第12页）。

巢峰以《辞海》1979年（第三版）为例讨论辞书的思想性。“凡花皆有色，凡是意识形态领域的东西，包括辞书，皆有思想性。”（第18页）的确如此，作为民族集体记忆的辞书，不可能没有思想性。辞书的思想性要画清三条界限：思想性与贴标签的界限；思想性与大批判的界限；思想性与做宣传的界限。巢峰幽默地说：“看电影时，如果正片中不断插进商业广告，会使观众心烦意乱。但是登在报纸上的商业广告，却能吸引读者注意。辞书中的政治宣传就像插进电影片中的商业广告，实在安错了地方，只能引起读者的反感。而那些违反历史事实的宣传，相距辞书思想性的要求，何止十万八千里！”（第23页）辞书的思想性要贯彻四个统一：思想性与知识性的统一；思想性与科学性的统一；思想性与稳定性的统一；思想性与简明性的统一。

在论及“思想性与知识性的统一”时，他明确指出：“思想性是灵魂，不是肉体；是红线，不是红布。”（第23页）“思想性与知识性的结合，是化合而不是焊接，即要你中有我，我中有你。”（第24页）在论及“思想性与稳定性的统一”时，他指出：“辞书不是给人以新闻，而是给人以知识。新闻有强烈的时间性，虽然它也有知识，但并不以稳定的知识性为特点。辞书要求有稳定的知识性，因此它不很受时间的限制。所以，好的辞书可以父传子、子传孙，长期使用下去。如果用办报的规律来编辞书，把条目当成新闻报道，不用一年半载，许多内容都成了明日黄花，哪里还有什么稳定性可言呢？”（第 28 页）

巢峰不仅研究《辞海》这一品牌辞书，还关注过、研究过、评价过其他一些辞书的状况，这就使其研究具有普遍意义。如：顾明远主编的《教育大辞典》增订合编本（上海教育出版社，1998 年）、郑天挺等主编的《中国历史大辞典》（上海辞书出版社，2000 年），他从中探究学科性专科辞书的特点；陈宗懋主编的《中国茶叶大词典》（中国轻工业出版社，2001 年）、杨柳编著的《中国清真饮食文化》（中国轻工业出版社，2009 年），他从中探究专题辞书的特点；亢世勇等主编的《新词语大词典》（上海辞书出版社，2003 年），他从中探究语文辞书的特点。在研究、评价这些不同类型的辞书时，巢峰还特别注意纵向考察这类辞书的编纂、出版状况，如教育大词典，历史上曾经出版过 20 余种；新词语词典，在 1987 年上海辞书出版社出版闵家骥等编的《汉语新词词典》之后，又有 29 部出版。他在对《辞海》研究的基础上对这些辞书的关注与考察，加深了对辞书编纂规律的认识。

二、特别重视辞书的组织策划

学界研究辞书，精力多在辞书编纂上。而作为出版家的巢峰，作为上海辞书出版社掌门人的巢峰，则深知辞书的组织策划对于辞书的意义，甚至提出“三分编写，七分组织”的见解：“编纂辞书与一般专著不同，后者一稿一人，只要言之成理，成一家之言，就可以成书出版。而前者一人成书者极少，一本中型或大型辞典，往往有几十人、几百人甚至上千人参加；每条条目均不用一家之言，而必须以学术界公认的观点为代表，或客观叙述各家之见，常有书证、资料、数据为证；全书体例统一，‘四至’明确，浑然一体，而文字上则须字斟句酌，一丝不苟。辞书编写之难，在作者、编者和出版界中都有所了解；而辞书的组织之难，却是一般人所不甚了解的。以我拙见，如果用‘三分编写，七分组织’来形容辞书的编纂，是不过分的。辞书的撰写主要是作者，辞书的组织主要是编者，准确地说，是编者的工作单位——出版社。”（第 101 页）

“辞书的组织者，是名副其实的杂家，在辞书编纂过程中，他不仅要鉴别质量，了解内容，而且大量工作还在于运筹帷幄，调配千军，协调平衡，排难解纷，在千头万绪之中，能使各个方面、各个环节丝丝入扣，和谐合作，紧张而又有秩序地工作。对于编写人来说，他们既是后勤部，又是参谋部，在某种程度上还起了司令部的作用。他们的工作好坏，对辞书的质量高低、时间长短、成本多少，都有重大关系。”（第 102 页）

出版社的组织工作，巢峰具体总结为十项：第一，确定选题。第二，制订编纂计划，包括宗旨、规模、读者对象、收词原则、编写队伍、时间步骤等。编纂计划不仅是行动的出发点，也是行动的归宿，是指导编纂工作的纲领。第三，制定体例。第四，组织分工。第五，组织收词。第六，讨论试写样稿。第七，组织编写。第八，组织定稿。第九，组织编辑加工。编辑加工是作者工作所不能代替的，稿件进入出版社后，必须严格执行三审制，由初审进入复审，由复审进入决审。第十，组织装帧设计和印刷、校对。辞书的用纸、开本、版式、封面、环衬等，都要由辞书的组织者组织设计，安排排字、校对、印刷等。（第 101—102 页）

选题是图书之母。出版社要在出版专业分工的基础上形成各自的风格和特色，树立自己的形象，尽可能地或最大限度地获取社会效益和经济效益。就如何寻找选题、如何获取效益的问题，巢峰总结出“垄断效益、拳头效益、实用效益、教材效益、名著效益、热点效益、规模效益、重印效益、版本效益、节日效益”等十大思路，且皆有实际出版例证。其中“垄断效益、拳头效益、重印效益、版本效益”等思路，是品牌辞书策划的有效方略。所谓“垄断”，就是一些辞书在相当长时间内没有同类产品取代，占据垄断地位。要获得垄断效益，就必须有相应的投入，目光近视，急功近利者，是永远与其无缘的。所谓“拳头”，就是人无我有，人有我优，独树一格，有个性、有特点、有形象、有影响的“拳头产品”。重印图书的比重，是一个出版社文化积累和生命力的计量器，要重视重印效益。普及本、缩印本、精选本的印数，要大大高于精装本、多卷本、珍藏本，由此产生的效益是版本效益。好的选题策划不是“闭门造车”，而是要了解读者，了解市场。（第117—120页）

巢峰具有明确的品牌（他称之为“名牌”）辞书意识，认为：“名牌就是精品，名牌就是形象，名牌就是效益。有名牌书才有名牌社，从而才能在市场竞争中立于不败之地！……名牌书除了高质量外，还必须不断重印、重版，一般都有几十年，甚至百年、千年的生命周期。……名牌书并非主观愿望所能决定的，它必须经过市场检验，得到广大读者的认可。”（第122页）

打造品牌辞书，国家和出版社要制订长远规划。1975年国家的第一次辞书长远规划，有了新《辞海》、新《辞源》、《现代汉语词典》、《汉语大词典》、《汉语大字典》、《英汉大词典》等一批换代性产品的出现。（第110页）五年计划，对其他行业来说是相当长的计划，但对大型辞书来说，时间则嫌太短。《哲学大辞典》《中国历史大辞典》是上海和国家“六五”科研规划中的重点项目，但分别到了“八五”和“十五”期间才完成。实践证明，辞书出版社要有一个总揽全局的长远辞书选题计划，非十年或十年以上不可。这就是上海辞书出版社1978年成立时就制订了一个直到20世纪末的22年长远选题计划的缘由。（第114页）

但是规划不落实，便是一纸空文，徒然浪费做规划的时间和金钱。国家长远计划，必须具有法规性、指令性和权威性。国家项目即垄断项目，其他任何出版单位，不得抢先出版。国家要在可能范围内，提供必要的条件和帮助，定期检查项目的进度，排除困难，确保实现。（第 111—112 页）“出版行政机关，要加强对创名牌、保名牌的管理。建立名牌书档案，充分了解名牌情况，加强对创名牌、保名牌的研究，制定地区或部门的名牌战略，并采取措施积极鼓励和引导名牌书问世。”（第 123 页）

“三分编写，七分组织”的见解，是真知灼见。出版社的组织策划、出版社和国家的长远辞书规划及“名牌战略”，今天看来，仍有十分重要的意义。

三、主动发挥辞书学会的社会责任

辞书事业的发展需要学术支撑，需要学会和辞书队伍建设。1992 年中国辞书学会成立，辞书学会的会员有辞书编纂者、辞书出版者和辞书研究者，编纂出版的问题可以转化为学术问题进行研究，学术研究成果可以及时运用到辞书编纂出版中，形成良好的学术“旋转门”。辞书学会下设语文辞书、专科辞书、双语辞书、百科辞书、民族辞书、辞书理论和辞书史、辞书编纂现代化技术、辞书编辑出版 8 个专业委员会，使学术研究更具针对性。中国辞书学会会刊《辞书研究》和学术集刊《中国辞书学报》，使研究成果及时“物化”。截至 2023 年初，持续举办了 16 期的辞书编辑培训班，辞书编纂、管理经验得到赓续，学术成果及时转化为“人力资源”，保证辞书队伍不断发展壮大。

巢峰是中国辞书学会的主要创建人之一，他曾担任学会首届的第一副会长、代会长，1997 年之后担任名誉会长直至去世。对于学会的宗旨、构架和早期的运作，他发挥了重大作用。除此之外，巢峰带领辞书学会做的两件事情最值得称道：国家辞书奖评审；净化辞书市场行动。

第一，国家辞书奖评审。

1994 年，成立不久的中国辞书学会在上级部门指导下，开始进行“中国辞书奖”（1997 年更名为“国家辞书奖”）的评审工作，制定了《中国辞书奖评奖条例》《第一届中国辞书奖评奖办法》《中国辞书奖励资金条例》《中国辞书奖励资金集资办法》，组建了中国辞书奖评审委员会和中国辞书奖励资金集资委员会。首届送评辞书 189 种，评出一等奖 5 个、二等奖 17 个、三等奖 25 个，合计 47 个。国家辞书奖评了 5 届，直到后来国家辞书奖与国家图书奖合并归入中国出版政府奖。国家辞书奖的评审是中国辞书事业发展的一个里程碑，其作用和影响至少有两个方面：其一，评选出了一批优秀辞书，在辞书界树立了榜样，端正了方向；向社会推荐了优秀辞书，避免劣币驱逐良币；同时也对社会进行了辞书的宣传与教育，树立了辞书的社会形象。其二，评审参评辞书，也等于对辞书业进行了抽样质量大检查，从中也的确发现了诸如抄袭剽窃、胡编乱造、立目过滥或立目残缺、释义不妥、文字差错率惊人、检索不便

等问题。发现这些问题，对寻求办法、采取措施促进辞书质量提高和辞书市场规范，具有重要意义。（第160—164页）

第二，净化辞书市场。

认真开展辞书评论，评优批劣，促进了辞书市场的净化、辞书质量的提高和辞书编辑出版的法治建设。辞书评论既是对辞书的研究，是辞书学的一部分；也是对辞书编纂出版的舆论监督，对辞书市场和读者的引导。对社会和读者负责，是辞书界应尽的社会责任。针对抄袭剽窃、胡编乱造的伪劣辞书，辞书学会发动专家进行了点名批评，知名学者、杂文家和新闻界也参与了批判劣质辞书的活动，出版了《发人深思的笑话》（上海辞书出版社，1995年）、《需要批评，需要反思》（商务印书馆，2003年）等评论集，并大力支持一些出版社维护自己辞书版权的诉讼。这次批评伪劣辞书的活动，参加人士之众，参加报刊之多，社会影响之大，就辞书评论来说是空前的。这次活动为辞书论坛注入了生气和活力，显示了学术批评的魅力与威力，张扬了辞书界的正气。（第291—317页）

巢峰也在这场活动中显示了他"文化斗士"的精神。此后，巢峰提出了净化辞书市场的五大措施：第一，建立健全以社会效益为主的考核制；第二，在评优的同时，定期进行辞书质量检查；第三，建立辞书出版准入制；第四，加强法治建设；第五，加强辞书评论和舆论监督。（第68—72页）有些建议得到了实施，取得了良好的社会效应。

四、悉心萃取中国辞书人的精神

辞书是工程性的知识生产活动，一部辞书的编纂、修订需要特别的团队意识，也会形成特有的精神风貌；一部辞书的流行与传世，也可能形成特殊的文化现象。这种团队意识、精神风貌及文化现象，可以抽象出、萃取成一种“精神”。比如人们经过长期的研究，逐步总结出了《现代汉语词典》《辞源》《中国大百科全书》的辞书精神，分别称为“《现汉》精神”“《辞源》精神”“《大百科》精神”。

《现汉》精神：严谨求实的科学精神，与时俱进的创新精神，尊重读者、服务社会的责任意识，甘于寂寞的奉献精神。（张稷《继承前辈伟业 弘扬〈现汉〉精神》，《中国出版》2004年第9期）

《辞源》精神：胸怀家国、传承文化的责任担当，文化为本、守正开拓的创新精神，俯首孺牛、宁静致远的奉献精神。（周洪波《〈辞源〉第三版出版》，教育部语言文字信息管理司组编《中国语言生活状况报告（2016）》，商务印书馆，2016年）

《大百科》精神：执着的爱国主义精神，高尚的集体主义精神，主动开拓的创业精神，实事求是的科学精神，无私的奉献精神（金常政《中国大百科全书的创建》，《出版史料》2003年第3期）；爱国奉献，团结协作，科学求实，开拓创新（刘云山《在〈中国大百科全书（第二版）〉出版总结表彰大会上的讲话》，《光明日报》

2009年8月28日第3版）。

巢峰在研究辞书（辞书人）精神方面用心最勤，用墨最浓。1992年，巢峰与徐庆凯合写了《论〈辞海〉精神》(《编辑学刊》1992年第1期）一文，把《辞海》精神总结为：一丝不苟、字斟句酌、作风严谨。1998年，巢峰撰写《再论〈辞海〉精神》，把《辞海》精神总结为：奉献精神，严谨作风，科学态度，整体意识，严明纪律。（第56—66页）2006年，巢峰在新闻出版总署培训中心辞书编辑培训班上做了《辞书工作者应有的精神面貌和思想作风》的报告，把辞书人的精神面貌和思想作风归纳为：忘我的奉献精神，正确的指导思想，严谨的工作作风，科学的工作态度。（第80—100页）

《现汉》精神、《辞源》精神、《大百科》精神、《辞海》精神，构成了中国辞书的"精神谱系"，"责任、科学、创新、开拓、奉献、严谨、爱国、团结"等是其关键词语，体现着中国辞书人的核心价值和精神风貌。2022年，笔者也撰文指出，"吃苦耐劳、认真钻研、一丝不苟、弘扬文脉的精神，就是辞书人的精神"（李宇明《中国辞书人的使命担当》,《光明日报》2022年11月29日第7版）。不久前，杜翔也全面回顾了中国辞书的"精神谱系"，在此基础上将中国辞书精神表述为：文化担当的爱国精神，守正创新的科学精神，执着专注的工匠精神，甘于寂寞的奉献精神。（杜翔《试论中国辞书精神》,《语言战略研究》2023年第3期）研究中国的品牌辞书，总结和发扬辞书（辞书人）精神，已经成为当今辞书界的自觉行为。为表彰在我国出版社、高校和科研机构中从事辞书事业并作出突出贡献的专家学者，中国辞书学会专门设立了辞书事业终身成就奖。自2006年首次颁发以来，已颁发了4届，累计有38名获奖者，巢峰是首届获奖者。中国辞书人物的典型事迹，是中国辞书精神的生动实例，也是中国辞书精神的来源之一。

五、辞书事业要走上坡路

2019年8月14日，我与辞书专家周明鉴、中国辞书学会秘书长周洪波到上海，一起参加“新中国成立70周年辞书成就展”。下午，在秦志华、王慧敏、郎晶晶三位的陪同下，冒雨去复旦大学附属华东医院看望住院的巢峰。当时的巢峰，听力、思维都还可以，但他说出的话听不清楚，需要护工做翻译，我们还借助手势和文字交谈。我们谈他对辞书事业的贡献，巢峰谦虚地说没有什么贡献，还伸出小拇指。说到辞书事业的发展，巢峰看懂了我们“走上坡路、不要走下坡路”的手势，也打起“不走下坡路、走上坡路”的手势。临别，巢峰与我们紧紧握手，还在我们的搀扶下，把我们送到电梯口。

巢峰心目中的上坡路要达到的“辞书盛景”是什么样子呢？

1983年，巢峰在《辞书研究》上发表的《积极开创辞书事业的新局面》一文中是这样描绘的：大型辞书粗具规模；中型辞书形成体系；小型辞书遍地开花；外国专科辞书中译本日益增多；具有中国特色的辞书有较多的出版。（第6—10页）“与此同时，手册、年表、年鉴、年谱、索引、汇释等其他工具书编纂和古代近代类书、辞书的整理重印，定有更大的发展。它们将与现代辞书一起，组成一个工具书的海洋。”（第10页）

2011年，巢峰在《出版简说兼及〈辞海〉》这篇短文中指出："随着数字化和计算机时代的到来，传统的出版印刷将会像纸的发明一样，出现一个颠覆性的变化。眼前，只是这个变化的开始。人们对这一变化的结果，作出多种预言，无纸化是其中的一种。我对出版，写过一些文章，但从未作过预言。但这次破例，我似乎感觉到，已经来到的颠覆性的出版和印刷的技术大革命，将继续发展下去，未来的出版印刷将由企业行为转化为个人行为，人人都可能是出版者、印刷者。与此同时，人人都可能是作者、读者。出版，真正成为人人参与的大众出版；文化，真正成为人人参与的大众文化。有朝一日，《辞海》的修订方式将由专家路线变成群众路线加专家路线，人人都可以是《辞海》的修订者，人人都是《辞海》的读者。”（第125页）

中国要成为“工具书的海洋”，要适应“人人都可能是作者、读者”的数字出版时代，这就是一位辞书界前辈心目中的“上坡路”！而今，巢峰离开了我们！人离去了，但《辞海》不会离去，他的辞书学思想不会离去，他所追求的辞书事业，也会由后人继续追求下去！

辞书事业不走下坡路，要走上坡路！

一代出版家巢峰远行了

陈　昕

差不多在七八年前，巢峰同志就因病长住医院了。我退休后常去医院与他聊天叙旧，看着他的身体状况一年不如一年，慢慢地油尽灯枯，心中尽是悲伤的情绪，只能默默地祈愿他延年益寿。噩耗还是传来了，一代出版家巢峰同志今晨离开我们远行了。沉浸在悲痛中的我，拣出如下一些文字，回忆我与巢峰同志相交相知的点点滴滴，寄托绵绵不尽的哀思。

巢峰同志是我走上出版工作的引路人。

1977 年我从部队复员回到上海，被分配到上海市出版局组织处任干事，一年后经反复请求，组织上终于同意我到局资料室从事资料工作。我从 1971 年起即开始广泛阅读马克思主义经典作家的著作，1975 年后我的阅读兴趣逐渐集中到政治经济学领域。20 世纪70年代末的上海市出版局资料室收藏有几乎完整的“文化大革命”前出版的经济学著作，这对我来说简直是如获至宝，于是开始了长达一年的系统的经济学阅读之旅。之后，我也尝试做一些经济学的研究，于70年代末80年代初，先后在《文汇报》《社会科学》等报刊上发表了《按劳分配不是按劳动产品的价值分配》《社会主义全民所有制内部存在商品生产》等多篇论文。这些文章引起了巢峰同志的注意。经过几次交谈，1980年巢峰同志将我借到上海辞书出版社从事《简明社会科学词典》和《西方经济学名词解释》两部工具书的编辑工作，从此我走进了编辑出版这一神圣的殿堂。细细回想，在我的编辑出版生涯中，巢峰同志一直是我最重要的提携者。1981年，他约请我一起编写政治经济学普及读物；1984年，他指定我担任大型资料工具书《上海经济区工业概貌》的责任编辑，带领10多位青年同仁编辑出版这一30卷本的皇皇巨著；1993年，巢峰同志向组织上推荐我去上海人民出版社接其社长、总编辑的职务；1995年、2003年、2009年又先后推荐我担任《辞海》编委、副主编和常务副主编，参与《辞海》第五版和第六版的修订工作，等等。可以这么说，我在编辑出版工作中迈出的每一步都得到了巢峰同志的关心和帮助；而巢峰同志的学问和出版实践更让我受益良多。

巢峰同志是我国老一辈马克思主义经济学家，在经济学界久负盛名，曾长期担任上海经济学会会长，如同当年商务印书馆张元济先生高票当选中央研究院院士，人才济济的上海经济学界推举一位学府之外的出版家担任领军人物，足以表明巢峰同志不凡的学术威望与理论功力。

巢峰同志最重要的经济学论文，大多发表在粉碎“四人帮”后拨乱反正年代。他以独立思考的理论勇气、敏锐犀利的学术洞察、实事求是的科学精神，对经济社会中的一系列重大问题进行了深入的研究。例如，《论生产力发展的动力》一文，针对当年理论界陈陈相因的“生产关系决定论”，大胆提出了“生产力中人与物的内在矛盾是生产力发展的内在动力，而生产关系的作用只是生产力发展的外在动力”这一几近颠覆性的观点。

《谈谈社会主义基本经济规律》是巢峰同志比较重要的一篇经济学论文，这是其 1980 年在上海经济学会年会上所作的学术报告摘要。那时我刚刚加入上海经济学会，出席了这次学术活动，巢峰同志的报告给我留下了极其深刻的印象。他联系 20 世纪五六十年代我国社会主义经济建设经受的两次大的破坏情况，探讨了社会主义基本经济规律的主要要求，分析了违背社会主义基本经济规律所必然导致的国民经济比例失调乃至经济危机，甚至会出现社会主义公有制变质的严重后果。基于此，巢峰同志提出了“国民经济既要制定生产计划，也要制定生活计划”，“不仅要处理好积累与消费的关系，还要合理安排好积累与消费各自内部的比例关系”，“实行体制改革，使公有制企业直接面对市场，对消费者负责”。在改革开放之初，理论界尚处在拨乱反正的“阵痛”之中，巢峰同志就触及了我国经济改革的核心问题，实在是难能可贵。

巢峰同志是老一辈经济学家中较早将消费列为政治经济学研究对象的学者，他认为：“消费是生产的终点，生产必需在消费中完成。”因此，“消费是生产的目的，背离目的生产就会导致经济危机”。他还对物价改革、企业竞争、技术协作与经济联合等经济学界“烫手”的话题提出自己独立、独到的见解。从现代经济学的角度看，巢峰同志的论文大多只是发现问题，而少有对问题背后的原因及其机理的分析；但是，这些文章毕竟抓住了当时经济社会生活中最为重要的一些问题，掀起过激荡血肉的思想冲击，至今读来仍“余温”犹在。

巢峰同志以其丰富的政治历练和厚实的经济学涵养投身中国的出版事业，他曾执掌过上海辞书出版社、上海人民出版社这样的大社名社。理论与实践的砥砺催生了他在出版研究领域的不凡建树，他是最早将政治经济学的理论与方法引入出版研究的人，不仅率先提出了“出版经济学”的概念，还从实际出发确定了中国出版经济学的基本框架、核心命题、主要范畴，如图书的商品属性命题，二元价值的背离与统一，出版行业的组织行为特征，图书市场竞争的基本态势和规律。筚路蓝缕，以启山林。如今，出版经济学在中国已得到学界的认可，巢峰同志开疆拓土的贡献不可轻估。

改革是当代中国出版业的主潮，几十年间大潮迭起，而巢峰同志总是挺立潮头，成为中国出版改革最早的探索者和实践者。对于改革的终极目标，巢峰同志非常明晰，是实现两个效益的平衡、协调发展。对于长期困扰出版业的体制转型这一核心问题，他不仅有理论层面的深入思考，更有实践层面的大胆推动。他从战略管理、市场运营、人力资源、企业文化等诸多方面，大处着眼，谋划布局，还具体设计了出版社体制改革的方向、路径、步骤，强调关键是塑造市场主体，激活竞争，建立客观、公正的绩效评估体系。他亲自主持领导了上海人民出版社、上海辞书出版社的组织重造、流程变革、绩效评估等工作。他熟知当代国际出版业购并、重组的外在趋势与内在动力，认定规模化、集约化是中国出版改革步入市场化的重要方向，但必须以产业思路来推动集团化建设，处理好行政推动与经济推动、“大船”与“小船”、横向与纵向、综合与专业、主业与他业、规模与效益的关系，尤其要处理好出版行政管理部门与集团的关系。他深知中国出版改革的艰巨性，一是传统体制、观念的惯性难以短期突破，出版改革出现诸多方面的“二律背反”的“疑难杂症”；二是新媒体的迅速崛起，人们的信息生活、媒体消费发生了巨变，图书供给与需求的平衡正在发生倾斜。2005 年，他还提出了中国出版业出现“膨胀性衰退”的命题，强调要通过出版改革来解决这一问题，从而激起了业内热烈的讨论。

巢峰同志是当代出版家中的“帅才”，主持过一系列重大的出版项目。他目光远大，帘卷天高，是《辞海》《大辞海》这样关系到全民族文化建设的大型文化工程的主持者之一，曾先后参与主持了五个版本《辞海》的修订编辑出版工作，在当代出版史上绝无仅有。他曾写过很多关于编辑出版《辞海》的文章，其中既有辞海的编纂方案、修订原则、稿件处理意见，也有工作报告、情况汇报，还有往事回忆，综合起来看，实在是不可多得的极有价值的大型品牌工具书编纂实践的典型案例。令人敬佩的是，从他起草的《〈辞海〉（合订本）处理稿件的几点具体意见》中，我们可以看到老一辈革命家夏征农和出版家罗竹风、巢峰等不唯上、不唯书、只唯实的出版精神。1978 年 10 月，国家决定在 1979 年国庆前出版新版《辞海》。编纂新的《辞海》最困难的问题是确立正确的指导思想，当时中共中央工作会议和中共十一届三中全会相继召开，新的正确的思想路线已经提出，但贯彻落实这条路线的阻力还相当强大，一系列重大理论问题和实际问题还没有结论。一个个疑难问题提到编辑部，阶级斗争、路线斗争如何写，“文化大革命”“无产阶级专政下继续革命”如何写，领袖人物如何写，历史人物如何写，国民党以及台湾问题怎么写，苏修、美帝怎么写？等等。在得不到上级指导的情况下，在夏老、罗老的主持下，巢峰同志起草了这一文件，共八条三十九款，对上述这些疑难问题一一提出具体处理意见。这些问题，现在看来已不成为问题，在当时却要冒极大的风险，不少同志好心地劝巢峰同志“勿为天下先，不要好了伤疤忘了痛”，当巢峰同志把这一劝告告诉罗竹风同志时，罗老诙谐地说：“砍头不过碗大的疤，大不了再被打倒。”这是何等可贵的出版精神啊。“八条三十九款”处处闪耀着解放思想、实事求是这一马克思主义的精髓，是值得我们这一代出版工作者认真汲取的宝贵财富。事后，国家出版局在《出版工作》上转发了这一意见，作为全国出版社处理书稿类似问题的基本准则。

巢峰同志长期耕耘在辞书的编辑出版岗位上，还担任过中国辞书学会的第一副会长、名誉会长，养成了严谨的学风和编风，树立了“一丝不苟、字斟句酌、作风严谨”的“辞海精神”，出版了一大批高质量的品牌辞书，带出了一支高度负责、精益求精、咬文嚼字、辨微识疵的职业辞书编辑队伍。对于社会上一度刮起的私编滥制辞书之风，巢峰同志予以严厉的批评，他组织辞书界痛斥了“王同亿现象”，张扬了辞书出版人的浩然正气。巢峰同志在辞书界德高望重，但从不因循守旧，相反，他脑子里不断爆出串串创新思维与创新项目。“鉴赏”本是针对典籍名篇的个体习得，是一种接受审美行为，鲜有专门辞书出版。但以巢峰同志为首的上海辞书出版社领导层经过调研，意识到这里有“标准化”的文史径路提示与“序列化”的知识储备，于是策划出版了以《唐诗鉴赏词典》《宋词鉴赏词典》为代表的一系列“鉴赏词典”，至今已有近百种，赢得了良好的社会反响，同时也取得了上好的市场业绩。

我与巢峰同志交往也长，关切也深，他的品德与文章、思想与作风都为我所景仰。他的辞世对我来说好似山崩地裂，对上海出版史来说则是一个时代结束了。中华人民共和国成立后，能够留在出版史上的人物屈指可数，巢峰同志是其中一位。出版事业如高山，前辈们抵达的海拔，正是后来者的起点。后来者们，巢峰同志在天上看着我们如何谱写新的篇章。

2023 年 1 月 8 日

巢峰的出版品格

陈　昕

中华人民共和国成立之初，全国出版系统来了一批经历过革命战争洗礼的文化名人和干部，他们长期在不同的出版岗位上担任领导职务，其中不少同志作出了重要的贡献。上海出版界有罗竹风、宋原放、李俊民、汤季宏、巢峰、万启盈、吉少甫、丁景唐等。巢峰同志因在出版系统工作时间最长，又担任过上海人民出版社和上海辞书出版社的社长兼总编辑，还先后参与主持了五个版本《辞海》的编纂出版，所以影响也大，说他是那一代出版家的翘楚，并不为过。

最近几年，民国出版人物的研究红红火火，出了不少成果，可喜可贺。但是我觉得还应该把巢峰那一代于中华人民共和国成立后就在出版领导岗位且作出突出贡献的同志，提上研究日程，这对我们书写中华人民共和国的出版史具有重要的意义。

我与巢峰同志长期共事，他是我的出版引路人，几十年耳濡目染，日察夜思，感悟良多。在我的眼里，巢峰是极具魅力的出版家，其特点是政治魅力和文化魅力同在。可以说，这份魅力也是那一代出版家共同的特征，即善于把坚持党的路线、方针、政策与出版专业工作的实际完美地结合起来。尽管政治风云变幻莫测，但始终持有社会主义文化建设的定力，充分尊重出版规律，千方百计地多出好书，既做到了政治家办社，又极大地彰显了出版的思想文化传承价值。细细说来，巢峰同志有以下几个突出的品格。

第一，是理论家的素养和气质。如果说巢峰同志之前的一辈出版家是学问家的话，那么他们这一辈表现出来更多的是理论家的胸襟和才华。他们因为早年投身革命，并不像前一辈出版家那样，有较完整的学历，大都自学成才。巢峰同志是“红小鬼”出身，14岁参加革命，只受过高小的学历教育，但在革命实践中凭借勤奋自学，不仅系统地掌握了马克思主义的基本理论，还在政治经济学领域有很高的学术造诣。与前一辈出版家引经据典、纠谬改错的著述和编辑功夫不同，巢峰同志则见微知著、大气磅礴，善于把握重大的理论问题。例如，他在粉碎“四人帮”后的拨乱反正时期所撰写的一系列论文，都抓住了当时经济社会发展中最重要的一些问题，掀起过激荡血肉的思想冲击，至今读来仍“余温”犹在。正因为他在理论上的建树，人才济济的上海经济学界一致推举这位学府院所之外的出版家长期担任上海市经济学会的会长。我把这同当年商务印书馆张元济先生高票当选中史研究院院士相提并论。

第二，是政治家的勇气和底气。巢峰同志不仅具有马克思主义的理论修养，而且还具有政治家的品质。他敢于坚持真理，实事求是，不为政治气候的变化所左右。我们从《辞海》1979年版的修订中可见其不唯上、不唯书、只唯实的出版精神。《辞海》1979年版的修订于1978年10月启动，当时中共中央工作会议和中共十一届三中全会相继召开，新的正确的思想路线已经提出，但贯彻这条路线的阻力还相当大，一些"左"的思想仍干扰着《辞海》的修订工作，一系列重要的理论问题纷纷提到编辑部请求解决。在得不到上级具体指导的情况下，在夏征农、罗竹风同志的主持下，巢峰同志起草了《〈辞海〉(合订本)处理稿件的几点具体意见》，共八条三十九款，对一系列疑难问题一一提出具体的处理意见，有力地推动了修订工作的顺利开展。当有同志劝巢峰同志不要"好了伤疤忘了疼"再冒政治风险时，罗竹风同志诙谐地说："砍头不过碗大的疤，大不了再被打倒。"政治家坚持真理的勇气和底气尽显无遗。

第三，是组织和指挥大工程的气魄和才能。巢峰同志是当代出版家中的"帅才"，目光远大，帘卷乾坤，主持过许多重大的出版规划和项目。20世纪70年代末期，他为上海辞书出版社制订了长达22年的工具书选题出版规划，涵盖了社会科学和自然科学的大多数领域，共计400余种，其中包括《经济大辞典》《哲学大辞典》《法学大辞典》《宗教大辞典》《中国历史大辞典》《中国文学大辞典》等几十个大项目，并协调各方面专业资源，用几十年的时间一一加以落实完成。这在上海当代出版史上无出其右。而《辞海》的修订工作更是组织全国学术界力量通力合作完成的。他有一句名言：大型辞书，“三分编写，七分组织”。80年代中期，我曾在巢峰同志的指导下，带领一些青年同志编辑出版了皇皇几十卷本的《上海经济区工业概貌》，深切体会到巢峰同志指挥千军万马协同作战的高超才能，学到了组织出版大项目的要点和功夫，这对我后来组织编辑出版百卷本《中华文化通志》等大型出版工程起到了重要的作用。上海世纪出版集团成立后也一直把抓规划抓重大项目作为工作的重中之重。

第四，是编辑家的学养和功力。巢峰同志在辞书编辑方面具有很高的学养，他写过很多关于辞书的编纂方案、修订原则、稿件处理意见和往事回忆。晚年所著《辞书记失》一书，通过对143个条目是与非的剖析，不仅对辞书编写中的各类失误条分缕析，还讲述了一些条目选词立目的基本原则和定义释文改进的原委，如切如磋，如琢如磨，得到了辞书界的广泛好评。新闻出版署原副署长刘杲同志诗云：“从容评点对千家，琢磨切磋辨瑜瑕。敢向权威求至理，浇开学苑自由花。”《辞海》（第六版）修订时，我协助巢峰同志审阅了近万条重点词目，这些词目的小样上有不少巢峰同志的修改和批注，涵盖定义、释义、出典、考证等诸多方面，令人敬佩不已。

第五，是改革家的胆识和浩气。改革是当代中国出版业的主潮，几十年间大潮迭起，而巢峰同志总是挺立潮头，成为中国出版改革奋马当先的探索者和实践者。关于巢峰同志在出版改革方面的贡献，我在《一代出版家巢峰远行了》一文中已经谈过了，这里再补充两件事情。

一是出版社“事业性质，企业化管理”体制的确立。20 世纪 80 年代初期，出版社原有的事业单位体制已经不能适应快速发展的出版业需要，出版社体制改革提上日程。上海出版系统领导层就此进行了讨论和研究。对于出版社的性质究竟是事业还是企业，有一些不同的意见。有的同志认为，甘蔗没有两头甜，要么改企，要么还是保留事业。巢峰同志是出版社“事业性质，企业化管理”体制的倡议者之一，在上海市出版局的一次内部会议上，他力陈这一改革的必要性。印象最深的是他对于出版社自主经营的呼唤和激励机制的设计，同时他也意识到在当时的条件下保留事业性质对出版社发展的有利方面。这为当年上海出版业的发展创造了体制条件。二是出版社自办发行的发端。80 年代初中期，在巢峰同志的坚持和努力下，上海辞书出版社发行所成立，开了出版社自办发行的先河，打破了新华书店统购包销图书的一统天下，为后来图书发行业的全面改革吹响了号角。

巢峰同志驾鹤远行了，追思他的出版历程，细数他对出版事业的贡献，梳理他深邃的出版思想，不仅有助于厘清那一代出版家的历史地位，也有利于后辈出版人永葆初心，砥砺前行。

2023 年 2 月 16 日

巢峰同志的理论勇气与社会责任

王为松

巢峰同志是上海出版界、社科界的前辈名家和杰出代表。在近七十年的职业生涯里，他有四十余年致力于以编纂《辞海》为主的辞书出版，他的名字已经与《辞海》紧密地联系在一起。同时，他还长期担任上海市社联副主席，上海市经济学会会长、名誉会长，上海市编辑学会会长、名誉会长、顾问，上海市出版工作者协会副主席等职，为上海哲学社会科学的繁荣发展作出了积极贡献。巢峰同志是一位在理论创新上有建树、在社科普及上有贡献的知名学者、出版家，是社科工作强有力的组织者、推动者、传播者，永远值得我们学习、铭记和怀念。

巢峰同志是在实践中成长起来的经济学家，也是卓越的社科工作组织者。与科班出身的专家学者不同，他曾自述，自己小学没有毕业，初中只读了三个月，14 岁便“投笔从戎”参加革命，他的深厚学养和卓越学识，来自长年累月的潜心自学与“边干边学”。早在 1953 年，他就在《经济周报》上发表了第一篇经济实务文章。20 世纪 60 年代已经成为上海市经济学会的理事、党组成员，经常参加经济学会的学术活动，并且参加了当时华东局宣传部组织的社会主义政治经济学教材编写，1961 年上海人民出版社相继出版的《政治经济学教材》(社会主义部分，姚耐、雍文远、蒋学模等主编）和《社会主义经济问题》(试用本）就是两本社会主义政治经济学最早的教材。1978 年 1 月，市委决定，立即恢复上海文联、社联活动，当时，蓝瑛是筹备社联活动的负责人，冯契负责哲学学会，蔡尚思负责历史学会，姚耐负责经济学会，巢峰担任经济学会召集人，正是在他的大力推动下，经济学会迅速恢复开展活动，组织召开了“坚持实践标准，按经济规律办事”等理论研讨会，有一回经济学会组织有关“按劳分配”的大型报告会竟有两千多人参加。从 1984 年到 2010 年，巢峰同志担任上海市社联副主席。1978 年担任经济学会召集人，1979 年任副会长，1988 年任会长，1992 年任名誉会长，在此期间，经济学会秉承理论联系实际的优良传统，组织全市经济学者多方面开展经济理论的学术研究、多维度参与经济建设的建言献策，在促进经济改革和发展中发挥了积极作用，有力地推动上海哲学社会科学工作的发展与繁荣。

他自言，自己的知识与学养是“边干边学”，从实践中磨炼而来的，所以他特别注重调查研究。在他的主持下，市经济学会在1980年至1982年间，针对当时上海乃至全国经济调整过程中出现的新问题、新情况，先后进行了六次社会调查，撰写了70多篇调查报告，出版了四个经济调查研究专辑，对进一步推动经济理论研究和解决实际问题起到了积极作用。1982年六七月间，他为了筹备于光远同志倡议召开的“上海与兄弟省市（区）技术协作经济效果讨论会”，组织经济理论工作者分赴沪苏浙皖等地，他自己带队到高桥石化联合企业深入调研，写出了《论全民所有制的技术协作与经济联合》等一批调研报告，他的调研数据与有关论述被于光远在会上多次引述。

在他担任社联副主席和经济学会会长期间，先后举办了“经济发展和经济稳定”“社会主义商品经济的特征问题”“宏观调控问题”“搞活城乡合作经济理论和实践”等多个研讨会，许多学术讨论触及我国经济改革的核心问题。他多次组织会员和经济工作者，深入各条线、各区域进行调查研究，先后组织编纂出版《上海经济区工业概貌》《上海交通》《上海工业年鉴》等大型资料工具书，为专业学者和普通大众了解上海经济提供了重要参考。其中，《上海经济区工业概貌》作为一项大型的文化建设工程，从1983年开始到1987年完成，共计出版43卷，总字数达3000万字，动员的经济理论工作者数以百计，作者数以千计。时任上海市长江泽民同志为《上海经济区工业概貌·上海市综合卷》撰写序言，还与老市长、时任国务院上海经济区规划办公室主任汪道涵同志一起出席了该书的出版总结大会。经济学会还主动与上海图书馆、上海工人文化宫等合作，举办“现代经济报告会”“社会主义经济问题”等各类面向大众的经济理论知识普及讲座。

巢峰同志一直秉持着坚持真理、追求卓越的信念，以强烈的理论勇气推动着学术创新发展。他不仅坚持苦读《资本论》等马列经典，熟练掌握马克思主义基本理论，而且始终关注时代命题、积极回应实践挑战，勇于独立思考，敢于坚持真理，对经济社会中的一系列重大理论问题进行深入研究与反思，提出具有创新性、前瞻性的理论观点和政策建议。他的一些重要的经济学文章，大多是发表在1978年以后。当时各条战线的当务之急，就是坚持实践是检验真理的唯一标准。1978年1月到3月，巢峰同志等人在《解放日报》上连续发表多篇文章，深入探讨社会主义政治经济学问题。1978年8月，他在《文汇报》发表8000字的长文《阶级斗争是阶级社会发展的基本动力吗？》。同年9月，他作为市经济学会的代表，与周谷城、周抗等著名学者一起参加市社联召开的理论讨论会，为理论界学术界正本清源、拨乱反正，起到了积极作用。1980年，他又发表《社会基本矛盾有两对吗？》一文，再次直面重大理论问题，阐明了他对于社会发展基本矛盾的认知，即“生产力和生产关系的矛盾，是唯一的社会基本矛盾”。1981年4月，他又在《社联通讯》上发表了题为《不发达的社会主义的理论是科学社会主义的发展》。在四十多年前说出这些观点来，是需要巨大的理论勇气和真知灼见的。在长期的学术生涯中，巢峰同志撰写了数十篇具有重要影响力的经济学文章，这些文章后来汇编成《政治经济学论稿》一书出版。

大家更为熟知的是，出版是巢峰同志磨砺思想与研究学术的重要场所，他开展理论研究的目光也从未离开过正在发生巨变的中国出版业。1983 年，中国出版工作者协会召开第一届理论研讨会，巢峰同志在《出版物的特殊性》一文中提出了“出版经济学”的概念。之后他又陆续发表了《出版物的价值构成》《图书市场竞争论》《有中国特色社会主义的图书生产》等文章，将政治经济学的理论与方法运用于出版领域，从实际出发探索了中国出版经济学的理论框架、核心命题和主要研究范畴，提出了出版经营的科学方法论、图书效益论、市场竞争论等，为中国出版理论建设拓展了思考和发展的空间。

巢峰同志是一位不可多得的学术出版的领导者和推动者。20 世纪五六十年代，他在上海人民出版社分管经济类图书出版工作，当时上海人民出版社出版了包括王亚南、陶大镛、许涤新、沈志远、胡寄窗、骆耕漠、姚耐、雍文远、蒋学模、陈其人、洪葭管等经济学家的理论专著，几乎涉及经济史、政治经济学、部门经济、商务、财会实务等所有经济学科领域，其中《中国经济思想史》(胡寄窗著)、《〈资本论〉研究》(王亚南著)、《中国货币史》(彭信威著）、《中国财政史》（周伯棣编著）、《国民经济学原理》（［奥地利］卡尔·门格尔著，刘絜敖译）、《凯恩斯经济学》（［美］狄拉德著，陈彪如译）等不少图书成为后来不断重印的学术经典。后来，他领导的经济学会还组织出版了《社会主义商品经济探讨》《深化企业改革探索》《股份经济研究》《上海企业改革与经济》等20余部著作，为改革开放后的上海乃至全国经济发展发挥了“思想库”“智囊团”作用。

为适应改革开放以来普及经济知识和发展经济科学的现实需要，他组织出版了中国第一部《经济大辞典》。辞典按照经济学科体系分类分卷出版，从1983年到1996年，先后出版了《工业经济》《农业经济》《世界经济》《商业经济》《金融》《财政》《统计》《经济地理》《对外经济贸易》《中国经济史》《外国经济史》等15个分卷，发行量最高的一卷达20万册，有7卷发行量都达到了万册以上。后来，在编纂出版分卷的基础上，又推出了于光远任主编，许涤新、汪道涵、陈岱孙、陈翰笙、宦乡等人任顾问的《经济大辞典》合订本，700多万字，填补了中国经济学辞书的一个空白。在此之前，他还曾担任过《简明社会科学词典》的副主编，参加了该书的总体规划、组稿、审稿等一系列工作，并参加部分条目的撰写，力求政治性、知识性、科学性和简明性的统一，为干部理论学习提供了参考。

在推动理论研究创新的同时，巢峰同志一直以自觉的社会担当精神致力于社科普及读物的出版，走学术著作出版与普及读物出版并举的发展之路。他在耄耋之年还非常关注对中华优秀传统文化的继承与弘扬，不断汲取传统美德与时代精神，先后编撰出版了《品德三字经》《品德千字文》《巢峰品德修身读本》等面向广大青少年的品德教育通俗读物，立足当代中国的时代精神和思想道德制高点，对青少年精准阅读理解作了提纲挈领式的导读，推动了传统经典的现代表达。他乐于接受新事物，认可用新的技术和方式传播知识。《巢峰品德修身读本》由两位书法专业的学生分别书写隶书、楷书版本，辞书社的年轻编辑录制语音，只要扫一扫书上的二维码，读者就能收听到书中关于品德修身的嘉句名言，实现了内容上的通俗易懂与传播上的融合创新的有机结合。

巢峰同志虽然离我们远去了，但他守正创新、求真务实，严肃认真、开拓进取，敢为人先、追求卓越的品格将永远铭刻在我们心中，并激励着我们不断前行。

巢峰：思想解放运动的勇者

姜义华

巢峰，我们曾在上海市政协常委会和上海市社联主席团长时间共事，都是有名的发言时不太顾忌的“炮筒子”。社联有一项“学术贡献奖”，我多次提议巢峰先生凭其贡献，绝对应当获评。提起巢峰，人们不约而同地都立即想起他在辞书编辑出版方面无与伦比的贡献，往往忽略了他在思想学术的拨乱反正中的先锋作用。

1978 年 8 月 21 日，《文汇报》整版发表巢峰的《阶级斗争是阶级社会发展的基本动力吗？》，旗帜鲜明地否定了“以阶级斗争为纲”。1980 年，他的《社会基本矛盾有两对吗？》，从根本理论上说明了为什么发展社会生产力才是社会发展的基本动力。而 1981 年他所发表的《不发达的社会主义的理论是科学社会主义的发展》一文，论证了马克思、恩格斯所设想的社会主义是发达的社会主义，新民主主义则绘制了不发达的社会主义的蓝图，而长时间的“左”倾错误，恰恰违背了不发达的社会主义的正确理论与实践。

我觉得，巢峰这三篇文章在那场思想解放运动中的价值，可以直击《光明日报》特约评论员论真理检验标准的那篇著名文章。尤其是《不发达的社会主义的理论是科学社会主义的发展》这篇文章，极具前瞻性。

我们都记得邓小平1985年8月28日会见非洲外宾时所说的那段振聋发聩的话：“社会主义是什么，马克思主义是什么，过去我们并没有完全搞清楚。”“社会主义究竟是什么样子，苏联搞了很多年，也并没有搞清楚。可能列宁的思路比较好，搞了个新经济政策，但是后来苏联的模式僵化了。”

邓小平这里所指的，实际上就是长时间中，我们都将苏联模式的社会主义视为放之四海而皆准的、唯一的、不容有任何置疑的社会主义标准模式，将是否不折不扣地实行生产资料公有制、计划经济及按劳取酬，视为判断是坚持社会主义还是反对社会主义的试金石。尽管实践已经证明，这一模式其实问题很多、问题很大、问题很严重，更不能套用到所有国家和地区。中国的社会主义实践就充分证明了这一点。邓小平讲的什么是社会主义，说不清楚，针对的就是这一状况。

俄国十月革命，将马克思、恩格斯所勾画的共产主义蓝图在一个非常大的国家付诸实践。当时，人们忽视了生产力全局性地发展为真正的社会化大生产这个基本前提，而正如列宁所说，试图直接用无产阶级国家的法令，在一个小农国家里按照共产主义原则来调节生产与分配，匆匆忙忙将全部生产资料变成社会公共所有，并尽力在众多领域立即消除商品生产。这就是1919年10月列宁在《无产阶级专政时代的经济和政治》中所说的："在无产阶级专政的第一天，即1917年10月26日（1917年11月8日），就废除了土地私有制，无偿地剥夺了大土地所有者。在几个月内，又同样无偿地剥夺了几乎所有的大资本家即工厂、股份企业、银行、铁路等等的占有者。由国家来组织工业大生产，从'工人监督'过渡到'工人管理'工厂、铁路，——这基本上已经实现了，但在农业方面，事情还只是刚刚开始（办'国营农场'，即由工人国家在国有土地上办的大农场）。同样，把小农组织成各种协作社这一从小商品农业过渡到共产主义农业的办法，也刚刚开始实行。"列宁还对这个过渡时期的特征和任务作了理论上的概括："在资本主义和共产主义之间有一个过渡时期，这在理论上是毫无疑义的。这个过渡时期不能不兼有这两种社会经济结构的特点或特性。这个过渡时期不能不是衰亡着的资本主义与生长着的共产主义彼此斗争的时期，换句话说，就是已被打败但还未被消灭的资本主义和已经诞生但还非常幼弱的共产主义彼此斗争的时期。"在这里，公有制经济与非公有制经济，计划经济与市场经济，你死我活，彼此绝不相容。这篇文章还强调，过渡时期的另一重要任务，就是同农民小商品生产进行不调和的斗争，因为“这是一个非常广阔和极其深厚的资本主义基础。在这个基础上，资本主义得以保留和复活起来，而且同共产主义进行极其残酷的斗争”。此时，被列宁称作俄共（布）“最宝贵的和最大的理论家”的布哈林，与普列奥布拉任斯基合著《共产主义ABC》一书，除了强调“生产机关和交通机关应该是社会公有”、生产有“共同的计划”与“共同的指导”之外，还特别声明：共产主义的生产“不是为市场的”，“这里没有商品，而只有生产品”，“这些制成的生产品，不能互相交换，不能购买进来，亦不能售卖出去”，“在最初几十年间”，“只能按着劳动簿的登记或劳动券去分配”。此书曾先后再版几十次，被译成多种外文出版，也曾翻译成中文，深深影响了第一代许多中国共产党人。1920年初，布哈林撰写的《过渡时期的经济》，继续将公有制、计划经济、按劳分配以及否认商品生产、否定市场经济确定为社会主义的根本标准。此书被列宁评价为“辉煌的作品”，说“重版这本书对于我国读者来说是很必要的”。

排斥商品货币关系，撇开市场，采取纯粹军事、行政的手段和方法，将余粮收集制扩大到棉花、麻类、皮革等农副产品和经济作物，国有化从大中企业推广到广大小企业，进一步取缔一切私人贸易活动，结果造成社会的不稳定和生产下降，1921年春苏俄发生严重的经济危机、政治危机和社会危机。俄共（布）在列宁的领导下，转而实行新经济政策，列宁明确提出，在一个小农充斥的国家如何建设社会主义，必须全部重新思考，整个看法必须根本改变。而重新思考的最重要成果，就是考虑承认非公有制经济和商品生产在一个相当长时间中仍具有存在的必要。他明确提出，要教育俄国农民学会做买卖，学会按照欧洲方式做买卖。列宁特别提醒："我们决不受轻视商业的'感情的社会主义'或旧俄国式、半贵族式、半农奴式、宗法式情绪的支配。"(《列宁全集》第 33 卷第 92 页)布哈林依据列宁去世前所做的这些最新思考，大幅度地修订了他先前的许多观点。他一再强调，剥夺农民将会毁灭农民经济，破坏工农联盟，认为苏维埃正在建设的社会主义在其发展的长时期内将是一种落后的社会主义，其决定性的问题在于俄国存在着大量的小农经济，这使得俄国的经济技术极端落后，所以俄国要建立起的社会主义，处于不同于马克思所设想的不存在阶级的未来社会第一阶段，而是处于仍然存在阶级区别的"社会主义初级阶段"。布哈林 1924 年的文章《马克思主义者列宁》指出，从生产关系上看，俄国的经济成分是混合型的，既有公有经济，又有私有经济，这与俄国的生产力是相适应的。而混合经济成分要求经济运行机制是市场关系，所以，市场关系的存在是落后型社会主义的突出特征。市场关系的存在在一定程度上规定了新经济政策的实质。由于生产力落后，生产资料所有制多样，所以存在市场关系是客观的，必然的，也是必需的。由于存在小商人和小业主，所以，即使在社会主义制度下，他们仍将继续存在一个相当长的时期；由于俄国存在非常广大的农民阶层，所以，到达完全的社会主义的道路就是相当长的。布哈林认识到，未来共产主义的计划经济，只能建立在社会主义大生产的增长和集中的基础上。而在俄国“落后的社会主义”中，必须高度重视市场关系，货币、交易所和银行等的巨大作用，不能立即实行计划经济。

但是，列宁和布哈林的这些新的思考，没有得到应有的重视和深化，更没有在实践中被有效地坚持。在斯大林的主持下，为了加快工业化步伐，在全面实现农业集体化名义下，战时共产主义时期的许多做法被复制，农民的土地、牲畜、农具、粮食再一次被剥夺。斯大林 1936 年 11 月 25 日在《关于苏联宪法草案》报告中，对新经济政策做了新的诠释，说：1924 年“处在新经济政策第一个时期，新经济政策开始的时期，资本主义在某种程度上活跃的时期”，而 1936 年，则已经“处在新经济政策最后一个时期，新经济政策终极的时期，资本主义在国民经济所有部门中完全消灭的时期”。整个新经济政策时期的任务，被他确定为“巩固社会主义阵地，消灭资本主义分子，完成作为国民经济基本体系的社会主义体系的胜利”。而这个胜利的标志，就是完全消灭资本主义私有制和农民的小私有制，使得生产工具和生产资料的社会主义所有制在工业、农业、商业等一切部门中取得完全胜利。这其实就是用一二十年时间就过渡到完全社会主义的“过渡时期”理论与实践，来取代列宁、布哈林所主张的较长时间的“新经济政策时期”理论与实践。

中国共产党从诞生起，就以实现共产主义为最终奋斗目标。1921 年中共第一次全国代表大会所制定的党纲就规定未来要“消灭资本家私有制，没收机器、土地、厂房和半成品等生产资料，归社会公有”。1922 年中共第二次全国代表大会时，苏俄已经发现俄国不可能一步跨入实行共产主义生产与分配，转而实行新经济政策，中国共产党人在共产国际的指导下，确定了党的最低纲领和最高纲领，党的最高纲领是“组织无产阶级，用阶级斗争的手段，建立劳农专政的政治，铲除私有财产制度，渐次达到一个共产主义的社会”；而最低纲领即党在当前阶段的反帝反封建的民主革命纲领：“消除内乱，打倒军阀，建设国内和平”“推翻国际帝国主义的压迫，达到中华民族完全独立”，统一中国为“真正的民主共和国”。其后，以毛泽东为代表的中国共产党人，根据中国实际，创立了新民主主义革命理论，领导中国人民进行了波澜壮阔的新民主主义革命，取得了伟大胜利。

新民主主义最重要的特点，就是在致力于建立主要生产资料公有制的同时，承认农民小生产和资本主义私有制仍然具有存在与发展的合理性。新民主主义理论与实践同时承认商品市场经济在中国仍然具有存在和发展的必要性，它集中表现为中国人民政治协商会议制定的《共同纲领》所确定的“公私兼顾，劳资两利，城乡结合，内外交流”。新民主主义，实际上就是列宁晚年和布哈林后期所说的“落后的社会主义”，处于仍然存在阶级区别的“社会主义初级阶段”。

真理是具体的，真理是一个整体，真理又是一个过程。列宁的新经济政策，毛泽东的新民主主义，都将马克思所发现的科学社会主义真理从抽象上升到具体，从部分上升到全体，从若干环节上升到历史发展的全过程。

问题出在我们在1952—1953年就放弃了新民主主义，转而全面学习苏联，要求在不太长的时间里过渡到斯大林时代的苏联模式的社会主义。这时，尽管也包含有实现工业化的诉求，但全面消灭生产资料私有制度而以生产资料的公有制度取而代之，逐步以无所不在无所不包的计划经济取代原先的市场经济，一下子成为更为迫切、更为直接、更为强烈的诉求。这一转变，使我们的社会主义现代化建设走了一段弯路。

巢峰对于新民主主义性质的重新定义，以及不发达社会主义概念的提出，凸显了他巨大的理论勇气，更显现了他理论思考的深度。从党的拨乱反正到十三大提出社会主义初级阶段，承认非公经济有其积极作用，到十四大确认社会主义市场经济，直到中共二十大斩钉截铁地宣布：“坚持和完善社会主义基本经济制度，毫不动摇巩固和发展公有制经济，毫不动摇鼓励、支持、引导非公有制经济发展，充分发挥市场在资源配置中的决定性作用，更好发挥政府作用。”社会主义社会同共产主义社会有着密切的联系，但是又明显不同于共产主义社会，社会主义基本经济制度就是公有制经济和非公有制经济长时期并存，市场经济和政府主导的计划经济长期并存，它们的关系并非你死我活、势不两立，而是互相制约、互相补充、互相推动。这正表明，社会主义其实是一个要延续几代、十几代甚至几十代具有非常清晰的稳定性的独立社会经济形态或社会形态。全面实行生产资料公共所有，全面实行计划经济的共产主义社会，只能够建立在社会生产力得到极大的发展，生产、流通都高度社会化，每个人都能够超越动物性而自由全面地发展，成为具有直接世界联系因而能够直接享用世界物质生产与精神生产成果的人的基础上。在这些条件都还没有具备时，想凭借主观愿望和行政强制手段，立即消灭所有非公有制经济，立即消灭市场经济，必然会严重损害整个共产主义事业、共产主义运动。

孔老夫子说过，做一个真正的人，就应当“志于道，据于德，依于仁，游于艺”。志于道，就是立志追寻真理，捍卫真理；据于德，就是在为真理而斗争中，能够不屈不挠，“富贵不能淫，贫贱不能移，威武不能屈”；依于仁，就是心中真正装着人民大众，尊重亿万民众最普遍的实践；游于艺，就是要有丰富的知识储备，有敏锐的观察能力、深入的分析能力和清晰的表达能力。就这一点而言，我们就能够更加怀念这位极具理论前瞻性的思想解放运动的勇者巢峰先生。

巢峰与他的出版主张

李伟国

巢峰是上海出版人的杰出代表。他担任上海人民出版社和上海辞书出版社领导共计四十余年，曾获得出版界最高荣誉“韬奋出版奖”。巢峰在上海辞书出版社工作期间形成的出版主张，折射出《辞海》和我国辞书事业发展的轨迹。

1978 年 10 月，上海市出版局接到中共中央宣传部紧急指示，要求赶在 1979 年中华人民共和国成立 30 周年国庆之前正式出版新修订的《辞海》。当时，一些十分尖锐的政治问题尚未被澄清，《辞海》怎么编？巢峰起草了《〈辞海〉(合订本）处理稿件的几点具体意见》，大胆提出《辞海》要拨乱反正，不应再收“以阶级斗争为纲”“抓纲治国”“无产阶级专政下的继续革命”等带有极左色彩的词条，以及一系列处理稿件的基本原则。巢峰的意见得到《辞海》

主编夏征农、常务副主编罗竹风的赞同。1979 年 9 月，新修订的《辞海》(第三版) 问世。实践证明,《辞海》(第三版) 里面许多词条的解释具有历史性突破，符合中共十一届三中全会精神。

从此以后巢峰就把他的生命融入了《辞海》。1981 年年初，巢峰综合一些学者的建议，在《辞海》主编会议上正式提议：每隔十年修订一次《辞海》。1989 年和 1999 年，在巢峰的具体组织指挥下,《辞海》成功完成了两次修订,《辞海》第四版和第五版准时出版。2020 年 8 月,《辞海》(第七版) 问世，并同步推出网络版。《辞海》成为我国修订次数最多的大型工具书，每修订一次就提升一次品质，在延长产品生命周期的同时，在内容、体例、形式、出版模式等方面都有所创新。正是不断创新，使得《辞海》至今仍充满了活力，在数字化时代不断适应读者的知识服务需求。

在《辞海》的几次编纂修订和出版过程中，巢峰制订了一整套行之有效的制度，形成了工具书质量保障体系，树立了以严谨的作风、严肃的态度、严格的纪律、严密的制度为核心的“辞海精神”。《辞海》创新的源泉来自编纂者的勇气和智慧，其中熔铸了编纂者的人格力量和时代精神，这是一种对事业、对读者的高度负责精神的集体升华。1979 年《辞海》(第三版) 问世以后，巢峰主持制订了一个长达 22 年的辞书出版规划，列入大型辞书 40 种，中小型辞书 400 余种，几乎涵盖了社会科学、自然科学的全部领域。二十多年间，上海辞书出版社的大批重点辞书陆续问世，涵盖哲学、经济、历史、军事、法学、宗教、医学，乃至美术、电影、戏曲剧种、名胜、文物、敦煌学，等等，填补了我国多项学科工具书建设的空白。

巢峰虽然没有正规学历，但他勤奋好学，少年时代读过许多古诗文，后曾苦读经济学著作，长期担任上海市经济学会会长。巢峰学以致用，他不仅心系《辞海》，情钟辞书，作出了巨大成绩，而且还善于思考，把目光投向整个出版事业，提出了许多真知灼见。在当时理论建设还相当滞后的出版界，他是很突出的。巢峰思想敏锐，笔锋犀利，多次与人论战。不管是认识他的还是不认识他的，对他在我国社会变革和出版发展的各个时期所提出的出版主张，都非常佩服。

在改革开放初期，对图书也是一种商品的说法，尚有争议。巢峰从 20 世纪 80 年代初开始，发表《出版物的特殊性——出版经济学绪论》《出版物的价值构成》《图书是一种完全的商品》等论文，透彻地分析了出版物的性质，他说："指出图书的特殊性，从理论上丝毫不能证明图书是不完全的商品。同样，强调图书是完全的商品，并不否定图书的特殊性，并不否定图书的生产除了应当遵循商品经济规律外，还要遵循精神生产的特殊规律。"(《出版论稿》）他第一个提出了"出版经济学"的概念，并具体阐述了出版物的价值与使用价值、价值与价格、使用价值与社会效益等各种矛盾，努力揭示出版的内在规律。

巢峰是最早探索出版改革问题的出版家之一。早在1983年他就提出要“有一个适应商品经济的健康的社会主义出版体制”，“要按自身的规律进行生产”。他反对把工业企业的承包模式生搬硬套到文化事业上来，主张针对出版物的特殊性，采取特殊的办法，建立以社会效益为主要导向的承包责任制。(《克服出版改革中的二律背反现象》)1992年，巢峰在他那篇引起广泛注意的《出版改革的大趋势》中，阐述了建立适应社会主义市场经济体制的出版体制问题，认为“出版部门既要遵循精神劳动、精神产品的规律性，又要遵循商品和市场经济的规律性”。

20世纪90年代初，针对当时辞书出版领域抄袭剽窃、粗制滥造、弄虚作假等现象，巢峰拍案而起，口诛笔伐。随后，全国几十家报纸、刊物、电台、电视台发表一系列批评文章和报道，形成声势浩大的舆论，弘扬了正气，遏制了歪风。为净化出版环境，提高辞书质量，巢峰领导中国辞书学会并组织行业相关单位，在全国范围内开展打假批劣，并提出和推动建立辞书出版准入制度、辞书质量检查制度。

1992年10月，中国辞书学会成立，作为创始人之一的巢峰被选为第一副会长。嗣后，他又代理会长职务。1995年，巢峰建议创办中国辞书奖，得到当时新闻出版署的支持。1997年，第三届中国辞书奖更名为“国家辞书奖”，并作为国家图书奖下设的单项奖，每两年进行一次颁奖。

巢峰还提出了有关出版经营的精辟见解。从 1994 年到 1995 年，《新闻出版报》以空前的六次连载发表巢峰的《图书市场竞争论》(《出版论稿》)，对选题、质量、时间、价格、发行、经营管理等方面的竞争提出了全面而有创造性的主张。仔细研读巢峰的论著，可以发现巢峰对出版规律的认识是变化发展、与时俱进的。

巢峰非常重视人才，他有一段名言："在形形色色的治社之法中，其他都是子法，而队伍建设则是母法。由此可见，见钱不见书的出版者，是劣等的出版者；见书不见人的出版者，是平庸的出版者；而以提高人的素质为治社之本，以出好书为强社之路的出版者，才是具有远见卓识的出版者。"(《出版论稿》）从中我们可以窥见巢峰一以贯之的出版主张。

“辞海精神”长存
——我参与《辞海》编纂工作的体会和感悟

刘君德

在2023年1月8日，中国著名辞书编纂家巢峰先生逝世后，上海辞书出版社以及辞海编纂处所发布的“讣告”中，对巢峰先生在组织《辞海》编纂工作中的杰出贡献，有如下的概括：

作为“辞海人”的杰出代表，《辞海》事业在巢峰同志心目中始终居于崇高位置，几十年孜孜矻矻、念兹在兹，即使年过九十，长期因病住院，仍时刻关心《辞海》第七版编纂出版工作，在病床上批阅《辞海》稿件。巢峰同志曾提出《辞海》工作的“四严”要求，即“严谨的作风、严肃的态度、严格的纪律、严密的制度”。作为《辞海》工作的长期具体主持者，他对“一丝不苟、字斟句酌、作风严谨”的“辞海精神”的提炼形成起到了重要作用。

由于学科的差别，我在相当长的时间里，与出版行业的领军者巢峰先生并没有多少交往；在参与编纂《辞海》的过程中，尤其是2009年担任《大辞海·中国地理卷》主编阶段，我有机会当面向他报告过工作进展情况；更多的接触是在深度介入《辞海》编纂工作之后；感受最深的是巢峰先生的“一丝不苟、字斟句酌、作风严谨”的“辞海精神”。我想，这种精神的形成与传承，与巢峰先生的长期倡导、身体力行和言传身教，当有很大的关系。在此，谨以我个人参与《辞海》编写工作的几点体会和感悟，对“辞海精神”略加阐发，并对“辞海精神”的提炼和形成起到重要作用的巢峰先生表达由衷的敬意。

我是在20世纪80年代初期开始参与《辞海》编纂工作的，担任“中国地理”分科主编。在《辞海》基础上，新闻出版署又推进了《大辞海》编纂工作，我被委任为“中国地理卷”主编。

早在华师大地理系读书的时候，系里有胡焕庸、李春芬、陈吉余、褚绍唐等一大批名师，他们在中国地理科学教育领域的地位举足轻重，对我后来的治学、教学和科研产生了较大影响。地理学科涵盖面广，要学的东西很多，从地质、水文、气象到生物、植物、动物，从中国地理到世界地理，从自然地理到人文经济地理，内容十分丰富。

1984 年，我首次承担《辞海：中国地理分册》主编。那时候，我的行政工作繁忙，加上上海辞书出版社的中国地理学科老编辑经验丰富、工作认真，大多数工作主要是由编辑完成的，我做的工作并不多。不过，在我成为《辞海》分科主编前，其实已经积累了一些辞书编纂的经验。

20 世纪 80 年代，李春芬教授主编过商务印书馆出版的《中华人民共和国地名词典 · 上海市》，这是我们国家很重要的一个文化工程。我那时是地理系的副主任，后又任代理系主任。李教授年纪大了，想要培养年轻人，就带着我一起做，让我担任这本书的副主编。后来就是 1984 年承担《辞海：中国地理分册》主编的工作。第四版《辞海》于 1989 年出版，其中，“中国地理”部分主要由褚绍唐教授负责编写，他也是我的老师，中国地理与历史地理的功底都很深厚。我由于行政事务较多，只参与了一部分的词条整理。

2009 年，我受聘为《大辞海 · 中国地理卷》主编，在上海举行了分科主编会议，让我真正了解了《大辞海》的背景。不久我接到通知，于当年 12 月 8 日赴人民大会堂参加《辞海》(第六版) 出版总结表彰大会。在开会之前，中央领导人与参会人员合影的一幕给我留下了深刻印象。《大辞海》的编纂工作是重要的文化工程，国家对此高度重视，我深感身上的担子沉甸甸的。

《大辞海 · 中国地理卷》的学科性强，与混合编排的《辞海》

有所不同。为此，我召开了多次座谈会、研讨会（甚至于在家里）；亲自拟写总提纲，找新人、高手写词条，为此付出了许多精力。新的提纲体现了学科性与辞书特色的良好结合，突出了重点——政区地理，完善了自然地理，充实了经济地理、文化地理等最新条目。炎热的夏天，整整一个月，逐条审稿，提出修改意见，按期在当年的第三季度完成交稿，2012 年顺利出版。总体上看，《大辞海·中国地理卷》（总字数达 175 万字）结构完整、内容丰富、重点突出，受到读者欢迎。我如释重负，终于完成了这项国家重大文化工程。

2009 年开始担任《大辞海·中国地理卷》主编，我投入了更多的精力认真对待这项工作。说实话，编工具书是个枯燥、繁琐的工作，稿费也少，有些学者经常是挂个名，把实际的工作分给下面的学生或者年轻教师去做。我这个人比较认真、耿直，要么不答应，答应了就要担负起应有的职责，做到问心无愧。

辞典编纂考验着主编的学识和耐心，每个词条都要字斟句酌，来不得半点马虎。我 70 岁退休，退休以后，要做的事情也比较多，但我深知作为国家重大文化工程的《大辞海》修订的分量。

在做《大辞海》和《辞海》（2009 年版）的时候，我以褚绍唐教授主编的 1989 年版《辞海》中国地理学科为底本，结合学科的新发展来安排修订。20 年间，中国地理面貌伴随着经济社会的发展、变革发生巨大变化。自然地理状态也并非一成不变，而历史地理又有大量新的发现，因此有必要做一次系统的升级和全面的梳理。与《辞海》将学科词条打乱后再编排的方式不同，《大辞海》严格依照学科划分，具有完整的知识体系和鲜明的专业属性。单单是“中国地理卷”的词条结构，我就起草了好几版的意见稿，在不打破辞书原有特点的基础上，纵向挖掘，横向延伸，努力推进地理词条的学科化。所谓“不打破”，就是充分利用老版《辞海》的词条，理顺体系，基本内容要保留，不足之处要充实，但是新增的部分不宜太多，不过于追求动态的统计数据。我把上海辞书出版社的编辑们请到家里来开会，大家就词条结构的总体思想和基本原则达成了共识。强调我们做的是一本学科分类的工具书，并非简单的地名词典，而是真正意义上的“地理辞海”。在编纂过程中，要处理好点、线、面的关系。点是地名，线是线路，面是区域。

《大辞海》可以说是包罗万象，涉及所有的学科，中国地理是其中一个重要的基础性学科。作为分科主编，如何把好关，严谨审阅稿件，是主编的责任。我的体会是首先把好条目关，包括条目的科学结构。在规定的条目总量之中，力求比例结构的科学化。中国地理包括“自然地理”和“人文—经济地理”以及“区域地理”三大类，这三大类词条都要涵盖。从读者需要来看，区域地理所占比重应该最大，而政区地理又是其中的重点。至于条目的释文，重点把握两个字，一是“准”，二是“精”。每条内容的表达要准确，反映稳定的地理内容；《大辞海》是向普通读者传授知识的工具书，要便于查阅，每条释文的内容必须做到非常精练，哪怕多一个字、一个标点符号，都应该删除。

在审读阶段，为确保词条和释文的准确性，我专门买了一套《中国大百科全书》作为参考，工作时常常堆满一整张桌子。中国地理部分有几千个条目，我们不能每一个条目都去查阅原始数据，只能选择抽查。如果发现校样的数据与《中国大百科全书》有出入，我就会要求编辑提供资料来源，反复核查。那两个月时间，我无暇顾及其他事情，一门心思地审阅条目。

就《大辞海》的“中国地理”部分而言，相较《辞海》的编纂有了较大的变革，辞书社和读者应该都会认可。

《辞海》最重要的特征，实际上是高度凝练了各方面的知识，用最简明、最准确的语言向读者传达与之相关的信息。无论《辞海》还是《大辞海》，能否取得满意的成果，离不开这几个要素：一是参与者充分认识到编纂和出版这本工具书的重要意义，只有你认识到这一点，在从事这项工作时才愿意付出；二是发自内心地喜欢这项工作，不能把辞书编纂当成是工作负担，而是个人研究志趣的一种提炼和实践；三是分科主编的学术能力必须过硬，对负责的学科领域的知识能够比较全面掌握；四是出版社编辑的水平要高，除了文字感觉好，他们对于专业知识也能游刃有余地鉴别、判断，并且充分尊重分科主编的意见。这一次，我找了辞书社的老编辑薛国屏来做搭档，他与《辞海》打了许多年交道，经验丰富，行政区划这一块内容也很熟悉。

还记得当时审稿阶段的情景。当时，我把 10 万字的“自然地理”部分审完了，把发现的问题反馈给了辞书社的编辑，比如有的词条将山的平均高度和绝对高度混淆了。《辞海》面对的是几千万甚至上亿的读者，每条释文的写作都讲求准确和严谨。我在审读时会特别留意关键性的内容是否缺失，本质性的表述是否清楚。如果能在 100 个词条中找到一处疏漏，就算是作贡献了。我还建议《辞海》的地理部分要关注重点和热点，像大的经济区、城市带、城市群，紧跟国家的政策趋势；至于沿边、沿海和边疆这样的词条，更不能出一丁点差错。例如，关于南海，原来的释文太过简单，我就查阅最新的官方表述，正确介绍了这个中国最远的领土。

在我读大学时，中国地理、外国地理是非常重要的学科，李春芬教授讲美国地理，胡焕庸教授讲法国地理，程璐教授讲中国地理，既有自然地理也有经济地理，让我在大学阶段形成了相对完整的地理观。可惜的是，今日学界很少有人具备比较全面的地理知识，这从一个侧面反映了中国地理教育的不足。现在的高等院校往往热衷于遥感、地图、计量，但是中国地理呢？另一方面，受到高考指挥棒的左右，年轻学子们很少有机会接触这种知识，水平一直停留在初高中阶段。中国地大物博，我们不了解自己国家的历史和地理，又如何去做一个合格的中国人？我认为这样的工具书应该继续出版下去，无论以什么样的形式。

以上仅是自己参与《辞海》《大辞海》编写工作中的一些体会

和感悟，在此过程中，我的的确确体会到，长期以来，《辞海》编纂工作和队伍确实需要巢峰先生所倡导的“四严”要求，即“严谨的作风、严肃的态度、严格的纪律、严密的制度”，存在一种“一丝不苟、字斟句酌、作风严谨”的“辞海精神”。正如2012年7月12日《光明日报》所载一篇关于巢峰先生的报道中所写的：

> 他记挂《辞海》精神的传承。“我们的编辑出版队伍以作风严谨为荣。一个引文，每个数据，都要逐一核对，每个标点，每个符号，都要认真推敲。字斟句酌，一丝不苟，是我们信守的格言，而马虎草率，粗制滥造，不负责任的行为，则是我们最为鄙视和唾弃的作风。”后来人，都听他讲述过“一丝不苟、字斟句酌、作风严谨”的“辞海精神”。

这种“辞海精神”，可能是巢峰先生留给后世的最宝贵的财富，值得一代代辞书的编辑者、出版者和撰稿者所铭记。

2023年5月31日

追忆良师巢老 *

周明鉴

巢老驾鹤西归的消息传来，虽已有思想准备，但仍感到震惊。几年前我随中国辞书学会李宇明会长和商务印书馆周洪波总编辑一起到复旦大学附属华东医院看望巢老的景象还历历在目。巢老当时行动已不能完全自主，但仍心系《辞海》。他断断续续地说：“老了，干不了了！”最后还一定坚持在两位护工的搀扶下，把我们送到电梯口。那时我真是感慨万千。

巢老是一代出版大家、经济学大家，更是一位辞书大家。正如一位领导所说：“如果出版业也纳入院士评审制度，则巢老就是院士级的人物！”

---

* 本文发表于《辞书研究》2023 年第 4 期，收入本文集时略作修改。

巢老是把我引进辞书界的引路人，是我的良师。

对于辞书事业来说，我是个地地道道的半路出家者，半瓶子醋。1956 年我走上工作岗位后一直做科技管理工作，1978 年进入科学出版社后做了九年图书编辑。1987 年社里把我调到词典室时，一位老编辑当场就说："新来的副主任对词典是一窍不通的！"我当即认可，并表示要向大家学习。随后，我走遍了几家大型书店，寻觅有关辞书学的书籍，遗憾的是所获甚少。后来才得到了黄建华先生惠赠的《词典论》，这是我辞书学的入门读物。在词典室只待了几个月，社里又把我调去分管质量和外事，接触辞书学的时间就更少了。

1993 年，我在第一届国家图书奖评委会上结识了巢老，并立刻为巢老的如炬目光和精辟见解所折服。在 1995 年第一届中国辞书奖评选期间，巢老将我引进了中国辞书学会，使我得到了向多位辞书界前辈学习的机会。当我得知上海辞书出版社于 1979 年就创办了辞书学理论刊物《辞书研究》时，我就不揣冒昧地向巢老提出，我渴望学习辞书学知识，能否得到自该刊创刊至今的各期？巢老立刻痛快地答应，并很快就将基本齐全的刊物寄来。我如饥似渴地通读了全部刊物后，才对辞书学有了较多的了解。

1995 年第二届国家图书奖评选期间，巢老问我能否参与 1999 年版《辞海》科技类词条的审定工作？这是能向众多辞书前辈学习的极好机会，所以我立刻应允。1996 年冬我在美国协助照看小外孙时，从媒体上得知《辞海》修订工作已经开始，我即与巢老取得联系，并立刻回国，于1997年初向巢老报到，之后开始了长达两年的学习和工作。当时，上海辞书出版社有一个六层楼的图书馆，参考资料十分丰富。更重要的是，这两年我在巢老和徐庆凯两位先生的直接领导下，随时可以请教，所以逐渐对辞书学理论及“辞海精神”有了进一步的了解。之后，我又有机会在多次评奖、质检和各种学术活动中与巢老有更多的接触，并从拜读巢老惠赠的大作中进一步加深了对他的认识和崇敬。

巢老14岁就投身革命，文化基础应该说是比较薄弱的。但他的发言都言简意赅、条理清晰、观点明确、分析透彻，极具说服力；他的文章都亲自执笔且文笔流畅、可读性极强，说明他的语言文字修养很高。我曾向他请教是如何做到的。他说，这主要靠始终坚持学习和实践。由于他有孜孜不倦的学习精神，所以从事各项工作都能迅速进入角色，并达到很高的水平。《政治经济学论稿》中的几十篇论文充分反映了他在不同时期提出的一系列精辟的观点，并得到了经济界的高度认可，从而被高手云集的上海经济界推选为上海经济学会的会长和名誉会长。在出版界，由于对上海辞书出版社管理有方而被加赋上海人民出版社领导工作的重任，这种情况在出版界可能也并不多见。他在辞书领域的造诣更是十分全面，发表的关于辞书学的文章涉及辞书编纂的方方面面，说明他已掌握了辞书学理论的精髓。我在上海时曾多次向他请教各种问题，都能得到完满的答复。

我曾与他说起，有的出版社的奖励政策只与发稿的数量挂钩，以致发稿数量和字数猛增，质量则严重下降。他明确地说：“这是办社思想出了大问题。利润能管住物质产品的数量和质量，而图书具有精神产品的属性，是不能套用管工业品的办法管理的！”并推荐我看他写的《论治社之本》。我读后如醍醐灌顶。文中明确地指出：“出版利润只有从好书中来才是正义之财……要好书常有，就必须有过硬的编辑队伍。所以说，在形形色色的治社之法中，其他都是子法，而队伍建设则是母法。见钱不见书的出版者，是劣等的出版者；见书不见人的出版者，是平庸的出版者；而以提高人的素质为治社之本，以出好书为强社之路的出版者，才是具有远见卓识的出版者。”他还特别指出，良好的社风是“养之三年不足，毁之一日有余”。我对此有切身体会。上海辞书出版社编辑队伍始终作风严谨，而且高手辈出、好书众多。正是巢老是一位出版界出类拔萃奇才的有力佐证。

在辞书领域中，巢老首先紧紧抓住了队伍建设中的重点——培养合格的辞书工作者。他多次在北京黄村的辞书编辑培训班上做《辞书工作者应有的精神面貌和思想作风》的报告。他指出，要成为一名好的辞书工作者，必须具有：忘我的奉献精神、正确的指导思想、严谨的工作作风、科学的工作态度。而且以自己的实践经验和大量生动的实例加以论证。在《我们从黄村走来——辞书编辑培训班十周年纪念文集》中可以看到，在许多学员的文章中都提到了巢老的这段话，并表示，由此对辞书编纂工作产生了敬畏之心。这对建设一支优秀的辞书编辑队伍必然会产生深远的影响。

巢老作为上海辞书出版社的主要领导和《辞海》的常务副主编，对《辞海》倾注了深厚的感情。在确定了十年修订一次的重要决策后，他参与主持了四次修订工作。我参与了《辞海》(第五版)的修订。在这次修订过程中，我深刻感受到了巢老严谨、细致的工作作风和高超的组织能力。他从实践中总结出，编纂大型辞书是“三分编写，七分组织”。《辞海》是我国第一部大型综合性辞书，收词跨度大，涉及自然科学、工程技术和社会科学诸领域。参与的作者上千，本社在职编辑加上部分退休编辑人数上百，又聘请了26位社外人士作为特约编审，按照质量保障体系的要求组织起来，各自发挥规定的作用，整个修订过程运行如行云流水，十分顺畅。在几次审读校样的过程中共发现了数以万计的问题，但都能得到妥善的解决。巢老明确要求：在专业审稿阶段要重点解决释文的准确性问题；二校样已按音序统排，就有条件注意解决交叉问题；从三校样开始，还要求注意释文的表述及修辞，要求每条释文都应做到“像法律一样精确，像电报一样精练”，而且要力求删去可有可无的字，做到“多一字则长、少一字则短”。他说：“十几万个词条，一条多一个字，全书就会多十几万字，多出许多印张，徒增读者的负担！”按照这些既严格又细致、具体的要求，共进行了八次校对和四次通读，无疑对确保全书的质量起了重要的保证作用。

在通读时的组织工作还有一点值得一提。通读人员分成几个组，每组 4 人：科技 1 人，语文 1 人，社科 2 人。4 人都要通读分到的全部校样。结果是：科技专家发现了语文条和社科条中偶尔出现的某些科技问题（如术语规范和计量单位等）；语文专家发现了科技条和社科条中的文字问题；社科专家则发现了语文条和科技条中偶尔出现的社科问题。这种组织方式是有创造性的：既充分发挥了各位专家的知识优势，也消灭了专业审查时不易发现的问题。

巢老对辞书事业的关注是矢志不渝和全方位的。他不仅关注《辞海》的修订，还从上海辞书出版社成立伊始就组织制订了 1978—2000 年的 22 年辞书规划，包括各种类型辞书的选题 468 个，特别是包括文学、历史、哲学、经济、法学等社会科学一级学科的大型专科词典，成为 1975 年全国中外语文词典规划的重要补充。不仅把视野扩展到我国辞书事业发展的全局，而且为以后一大批填补空白的精品辞书的出版创造了条件。其中《中国历史大辞典》《敦煌学大辞典》等多部辞典获国家图书奖及中国辞书奖 / 国家辞书奖。

巢老对辞书事业一直给予全方位的密切关注，并随时加以思考。在 1993 年参加第一届国家图书奖评选后，就立刻结合审读参评辞书和社会上辞书出版的现状进行了缜密的分析，并很快就发表了《解决辞书质量问题的十点设想》。指出辞书出版虽然呈现繁荣景象，但也存在胡编滥造、抄袭剽窃、重复出版等种种乱象，分析了产生这些问题的原因，并提出了制订第三次辞书规划、加强管理等许多重要建议。我同样也是这次评奖的参加者，读完此文后为自己的无所作为深感惭愧，并为巢老能进行如此全面深入的思考所深深折服。

辞书事业的发展并不是一帆风顺的。巢老敏锐地察觉到20世纪80年代后期在辞书界出现的不正之风。他在中国辞书学会成立大会的闭幕词中旗帜鲜明地指出："现在辞书界抄袭成风、差错成风、拼凑成风。"并与徐庆凯先生一起点名批评了《语言大典》，他指出："辞书学会从某种意义上讲，就是辞书质量的'道德法庭'，应当在扶正祛邪、促使我国辞书事业的健康发展上多做工作。"为纯洁辞书事业吹响了进军号。之后他亲自撰写了《〈语言大典〉的教训》《"王同亿现象"剖析》《中国辞书界的"三大战役"》等多篇揭露抄袭剽窃、胡编乱造的歪风邪气的重磅檄文，推动了辞书界揭批伪劣辞书的高潮。辞书学会还多次召开了批劣的学术会议。由于这些文笔犀利的文章透彻地剖析了辞书界出现的种种不正之风的危害，加之由中国社会科学院语言研究所、商务印书馆、上海辞书出版社等状告王同亿侵犯著作权的五起官司的胜诉，基本刹住了这股严重危害我国文化事业的逆流，但也招来了王同亿对巢老及所有写过批劣文章的作者极为恶劣的造谣污蔑和人身攻击。但巢老并未就此止步，而是进一步分析了出现这场闹剧的根源，并发表了多篇文章，提出了举办辞书编辑培训班、建立辞书出版准入制以及设立中国辞书奖等解决措施。这些建议均已获得批准，并已陆续实现，在辞书界发挥着积极的作用。

还有一件事也值得一提。20世纪90年代中期，有一位企业家想通过编辞书进入出版领域，在出版界某些人的怂恿下，准备编一部类似《辞海》的超大型词典——《辞天》。当时有些媒体还配合宣传，宣称"《辞海》之外有《辞天》"，说这部《辞天》的篇幅远远超过《辞海》云云。当这位企业家找我时，我建议他直接到上海访问一下上海辞书出版社。他接受了我的建议。到上海后，巢老十分重视，亲自接见了这位企业家，并详细介绍了《辞海》的整个编纂流程，还请他到各科室参观了两天。在告别时，这位企业家发自内心地说了这么一句话："我在这里看到了一片净土！"巢老坦诚、精辟的讲解和矢志不渝投身于辞书事业的献身精神，以及辞海编辑队伍严谨的作风、严肃的态度、严格的纪律、严密的制度所体现的"辞海精神"，使他切实地看到了编词典是一项十分艰巨和严肃的文化事业。后来，他的一位助手（当时已到其他单位工作，但与我还有联系）告诉我，这次参观使这位企业家印象深刻，认识到《辞海》之所以能取得成功，是由于有巢老这样有坚定的为辞书事业献身精神而且有高超的学术水平和领导能力的领导，有一支训练有素和成熟的辞书编辑队伍，有上千位经过多次实践而基本了解辞书编纂要求的高水平作者队伍，而且始终坚持和发扬献身精神，才能获得如此高的声誉。要编好这样大型的辞书，绝不是随意拼凑起几十个人就可以完成的。所以他回北京后就立刻解散了那个所谓的编辑部，“辞天”一事也就此烟消云散了。

在扶植优秀辞书和优秀编辑方面，巢老也不遗余力。在《中国茶叶大辞典》克服了巨大困难终于问世时，巢老虽已年过七旬，仍亲赴北京，在发布会上发表了热情洋溢的贺词，对此书及责任编辑马静给予充分的肯定。不久还特邀马静到上海辞书出版社做讲座。开讲时他全程在座听讲，最后还做了精彩的点评，号召年轻编辑学习马静同志的精神。

巢老的工作作风是雷厉风行但又思路缜密的。在一次国家图书奖评委会委员报到后的第二天晚上，巢老把几位评委都请到他的房中，还请来了时任新闻出版署图书司司长的杨牧之同志。他拿出一叠纸说：“我昨天晚上把关于设立中国辞书奖的文件（包括评奖办法、集资办法等）都起草和整理好了。请大家提提意见。”大家都为他高效实干的精神所感动。文件很快就获得一致同意，并获得了新闻出版署的批准。集资办法也得到了出版界的支持，顺利解决了经费问题。中国辞书奖就从 1995 年第二届国家图书奖评选前开评。巢老对中国辞书奖的评选办法考虑得很周全，每部参评辞书都要先经由一位专家一个月的审读并写出审读报告，使评选能在扎实的基础上进行。初评先分为语文词典、双语词典、专科词典和百科全书三组进行，然后由评委会进行复评，从一百多部参评辞书中选出十几部参加国家图书奖的评选。这就大大提高了国家图书奖辞书组的评选速度和评选质量。所以从第三届国家图书奖开始，新闻出版署就把“中国辞书奖”改为“国家辞书奖”，取代了国家图书奖的初评，国家辞书奖的复评结果直接进入国家图书奖复评。巢老这一深思熟虑的努力为辞书领域的评优作出了重要的贡献。

在与巢老相识的二十多年中，我到上海时必先拜访巢老，而且每次都有收获。巢老的仙逝使我国出版界、辞书界痛失一位杰出的领军人物，也使我失去了一位良师。抚今追昔，心潮难平。斯人虽逝，但他的贡献已融入中国辞书事业的发展史，他的崇高品格和精神风貌也已成为辞书人的楷模，值得我们永远铭记！

忆巢峰先生

龚 莉

2023 年 1 月 8 日，在微信群中看到了巢峰先生去世的消息。先生年逾九旬，且已住院多年，对他的故去，大家多少都是有些心理准备的。但是，当这一天真的来临，还是令人难以接受。

去年 7 月，上海疫情期间，微信群中，北京同行向上海同行打听巢峰先生情况。上海同行回复，先生饮食起居一切如常。这消息立即在群中引起阵阵欢呼，连平时忙（或懒）到一年到头连泡也不冒一个的，也都突然浮出水面，为先生祈祷平安、献上祝福。

是的，巢峰先生深受大家敬重和爱戴。他没有离去。他的名字，和许多前辈一起，镌刻在中国辞书的丰碑之上，他们的贡献和精神，将长久地影响、激励着一代代辞书人。

我与巢峰先生相识，缘起于21世纪初《中国大百科全书》(第二版)的编纂事务。但是，知晓先生的大名，却要更早一些。

1992年10月，中国辞书学会成立大会闭幕式上，学会第一副会长巢峰怒批辞书界堕落乱象，向辞书界抄袭剽窃、胡编乱造之风发起猛烈抨击，吹响了中国辞书学会打假批劣的集结号，中国辞书界的“三大战役”自此拉开序幕。“三大战役”历时十余年，对中国出版界尤其是辞书界的健康发展产生了深远影响。那时，我了解战役的进展及战果，途径之一就是读先生的相关文章，他的观点，切中时弊，语言犀利；他的建言，放眼大局，中肯、务实。

与巢峰先生第一次会面，是在2003年六七月间。当时，《中国大百科全书》(第二版)正值组稿、回稿阶段，我到上海出差，去复旦大学、上海交通大学、上海社会科学院等处，联络相关学科主编和作者，约稿、催稿，以及看望二版总编委会委员夏征农先生。还有就是去上海辞书出版社，拜见巢峰先生。其时，由夏征农担任主编、巢峰具体主持的《辞海》(2009年版)也在紧锣密鼓的进行中。当年75岁的巢峰已经卸下一干行政职务，但仍坚持每天去出版社，风雨无阻，对《辞海》的编辑出版工作盯得很紧。

那天，巢峰先生在上海辞书社办公室接待了我。他中等个头，腰杆笔直，明显的江苏口音，讲话时，眼睛一会儿瞪得溜圆，一会儿又笑眯眯地看着你。《中国大百科全书》和《辞海》都是篇幅浩瀚的工具书、影响巨大的国家重点文化工程，其编纂和出版，从上至下、由里及外有着许多共同的问题和难点。我们谈起遇到的困惑，尤其是一些特殊的难题，或商讨计谋，或会心一笑。有些问题，我看不清拿不准，先生则以一个老革命、老辞书人特有的犀利、睿智，为我拨开云雾，指点迷津。巢峰先生“红小鬼”出身，行政级别高，但他完全没有“官架子”，同他相处，感觉就是书业同道中一位睿智的长者，让人觉得那么亲切，那么值得信赖。

谈了一会儿，他就领着我去看望正在住院的夏征农先生。夏老也是位传奇人物，年少起投身中国革命，出生入死，功绩显赫。“文化大革命”结束，1978 年他 74 岁起出任《辞海》主编，直至 104 岁辞世。夏老对我们的到来明显很高兴，近百岁的他，思维之清晰令我吃惊。那天，巢峰先生讲话最多，夏老话也不少，我则除了向夏老汇报《中国大百科全书》（第二版）工作、回答编辑方针制定和执行情况之类的提问外，绝大多数时间里都是洗耳恭听。那真是一次难得、难忘的“补课”。两位长者共同追忆《辞海》1979 年、1989 年、1999 年版编纂中的种种过往，以及当时仍需要面对的棘手问题。可以毫不夸张地说，他们所讲的，不仅仅是辞书编纂在那些特殊年代的经历，从某种角度讲也是浓缩的国家和时代变迁史，是分析特殊时期文化和制度的珍稀样本。有些故事，称得上风云突变、惊心动魄，而作为老共产党人、老辞书工作者，他们坚持真理的胆识和勇气，化解危机的大局观和智谋，深深震撼了我。这一天所闻所学，足以让我这个后生晚辈，刻骨铭心，终身受益。

后来，我与巢峰先生又有数次会面。熟了，有什么事要我办，他都直接吩咐。记得有一次，大约是2009年，他和上海世纪出版集团总裁陈昕专程来北京，向有关上级部门汇报请示《辞海》(2009年版)的宣传推广，以及《辞海》新版主编人选(夏征农先生于2008年逝世)、中央政策支持等事宜。来之前，打了电话给我，问了一些《中国大百科全书》在此类问题上的做法和有关程序，并告知，“去上级部门谈完工作即去百科社，就在你那里吃午饭”。说是吃饭，其实还是了解情况、谈工作。饭后，他俩又急急火火赶回上海去了。

《中国大百科全书》(第二版)与《辞海》(2009年版)，差不多在同一个时期进入编辑阶段。巢峰先生大力倡导精诚合作，共克难关，在这两部书上都有体现。如《辞海》中的“高句丽”条，当时涉及特别敏感的问题，而《中国大百科全书》(第二版)的“高句丽”条已数易其稿耗时费力予以敲定，可以认为是当时政府、学界等各方审定达成一致的标准表述，《辞海》遂参考《中国大百科全书》(第二版)，在此基础上改写成条；而《中国大百科全书》(第二版)附录之一的《中国历史纪年表》，则主要依据《辞海》(2009年版)附录中的年表而编制。当然，这一类互鉴互用，都是建立在事先沟通，以及知识产权明晰基础之上的，这为大型工具书在一些特殊问题上的处理做了有益的探索。

还有一次见面，是2011年，在第二届中国出版政府奖优秀出版人物颁奖典礼上。获奖者有数十人，来自全国各地各个单位。获奖人自发地做了一个安排：让年纪最长者和最小者携手登台领奖。幕布开启，暗黑寂静的舞台，瞬间灯光齐放，满堂通亮。满头银发的巢峰先生，与一位青年牵手走在前面，一大群人向他们聚拢，簇拥着，走向台中。那天，我有幸也在队列中，目睹并亲历了那温馨感人的时刻。巢峰先生精神矍铄的模样，意气风发的老中青群体画面，至今还深深地留在我的脑海中。

最后一次见到巢峰先生，是在八年前了。2015 年 6 月下旬，上海辞书社的同志打电话来，说先生 7 月初要来京，为在黄村举办的全国辞书培训班授课，届时他想和北京一些熟人见见面。对方传了两份希望会面的名单过来，都是辞书工具书的作者、编辑和出版人。中国大百科全书出版社当即按名单通知了相关人员，并做好了相应的组织及接待安排。7 月 2 日下午，从黄村接巢峰和徐庆凯两位前辈来社。当时《中国大百科全书》（第三版）工作已经全面展开，三版编辑中心集结的青年编辑已达六七十人。两位先生到社后，为青年编辑们做了讲座。先生当年已经 88 岁，头发更白了，但仍然眼睛明亮，面色红润，精气神十足。引人注目的还有他的着装，整洁、考究，浅豆绿细格长袖衬衫，银灰薄毛料西裤，皮鞋锃亮。

晚餐时，他与应约前来的熟人们一起忆及辞书编写的诸多往事，相谈甚欢。记得过去他是好酒的，这次一开始就声明滴酒不沾了，不过，谈得兴起时，他还是会顺手拿过酒杯，抿上一口。陪同先生前来的上海辞书出版社的同志，掏出一个小本，说过两天是先生 88 岁（虚岁）生日，也就是米寿，请在场的每一位写一句话、签个名留作纪念吧。他又悄声同我讲，先生这次是来和北京的朋友们告别的，他以后不会再来了。听他说着，伤感漫上我的心头。大家一再叮嘱，先生多保重，以后我们还有好多问题要请教您呢。

这天，巢峰先生还在他的新书《辞书记失》，以及他的名片上签名题款，赠送给我们。

现在，这册《辞书记失》就在我桌前的书柜上。这是我近年时常翻阅的书之一，有的时候，看一看封面上笑容粲然的巢峰先生，读一读他充满正气、锐气、才气的文字，有些问题似乎就迎刃而解，或者就不再是问题了。

2023 年 7 月 2 日

怀念良师巢老

王樵裕

辞书编纂大家巢（峰）老于1月8日在上海去世。我和他相识近20年。在交往过程中，多次受到他的指教，受益甚多。新闻出版署老领导刘杲是我很熟悉的领导，1977年我就认识了他。他说："你每次去上海巢峰都和你交谈，说明巢峰对你很不错。"回忆起和巢老交谈的情景，他讲话的神态、笑容清晰地呈现在眼前。人说"一日为师，终身为父"，巢老是我终身难忘的良师。

我和巢老的交往起自汪（道涵）老。1999年北京市委书记贾庆林和市委秘书长段柄仁（段老）商议编纂《北京百科全书》（第二版），委托我负责日常编纂工作。20世纪80年代我在中国大百科全书出版社工作时，中国大百科全书出版社计划和美国大不列颠百科全书出版公司进行合作，在北京绒线胡同四川饭店宴请美国客人。总编辑姜椿芳请了汪老参加。很幸运，时任副总编辑阎明复让我也参加了。这是我第一次见到汪老，他的风趣和渊博学识给我留下了深刻印象。

在上海的汪老在和我的一位朋友交谈时，知道北京要编《北京百科全书》(第二版)，表现出兴趣。我的朋友约我到上海见汪老。我带了两位同事到上海，向汪老介绍编纂《北京百科全书》(第二版)的思路。汪老是贾庆林书记在第一机械工业部工作时的领导，他让我向贾书记转达他对编纂《北京百科全书》(第二版)的意见，同时建议我多向上海辞书出版社老社长巢峰请教。于是我拜访了巢老。巢老听我说《北京百科全书》(第二版)共20卷(还计划编纂一本单卷本)，当即说如能编成，是件很了不起的事。2003年《北京百科全书》(第二版)出齐后，我到上海送了巢老一套。

《北京百科全书》(第二版)出版后，《北京地方志》编纂委员会段柄仁常务副主任和我谈《北京百科全书》的再利用问题，提出编纂《北京大辞典》和“北京行业百科全书”的问题。我对国内已出版的省、直辖市大辞典作了调研。2001年出版的《天津大辞典》(天津是先出一卷本《天津百科全书》，后出一卷本《天津大辞典》)很有代表性，总字数约285万，总条数约1万条，平均每条285字，不列分类目录，采用一条一事编纂模式。我认为在《北京百科全书》(第二版)基础上采用《天津大辞典》模式编纂一卷本《北京大辞典》不是难事，但在编纂过程中我对采用这一模式编写的词条有无查阅价值产生怀疑。

北京有了20卷本《北京百科全书》(第二版）加上单卷本《北京百科全书》，还有必要编纂这样一本《北京大辞典》吗？2006年我到上海办事，顺便拜访巢老，并向他请教。他认为编纂一本新辞书应追求出版价值和使用价值，释文要区别于已出版同类辞书。地情辞典的词条释文切忌名录化（没有太大的查阅价值和文化价值），一条一事的编纂模式下如何写好词条释文要认真研究。他劝我们不要忙于出版，先着力于研究编纂思路。

段（柄仁）老编著《地域百科全书的总体设计》一书，2007年由上海辞书出版社出版，重点介绍了《北京百科全书》(第二版）的设计思路和体例。同年底，上海辞书出版社出版了《上海大辞典》，3卷本，版面字数约600万字，总体条数近2万条，还是采用一条一事的编纂模式（无内容分析索引），巢老出席了首发仪式。

次年春，我到上海拜访巢老，原想巢老会向我介绍《上海大辞典》的编纂经验。出乎我的意料，巢老直接告诉我《上海大辞典》从地情辞典编纂角度看有许多不足之处。他问到《北京大辞典》的进展情况，我说还在进行总体研究。巢老让我转告段老，希望北京能编纂一部在辞书界有影响的地情辞典。

在这次见面时，巢老问我，《北京大辞典》设不设“毛泽东”

条（《辞海》“毛泽东”条3000余字）。我提出自己的看法，认为《北京大辞典》如果设“毛泽东”条，释文应是“毛泽东在北京”，介绍毛泽东和北京的关系。《北京大辞典》作为一本地方性辞典，释文不应承担《中国大百科全书》《辞海》承担的全面介绍毛泽东的任务。巢老听了后，表示赞许，夸我“聪明”。他也说到了段老编著的《地域百科全书的总体设计》一书，说段老的研究很有开创性。临走，上海辞书出版社领导送我一套《上海大辞典》。

回到北京后，我向段老转告了巢老对《北京大辞典》的希望和是否设“毛泽东”条的疑问。我把上海辞书出版社送的《上海大辞典》交给段老研究，又买了一套《上海大辞典》进行研读。我和几位编辑在通读《上海大辞典》的同时，对《上海大辞典》的总体设计和词条释文作了认真分析研究，也听取了北京一些辞书专家的意见，对《北京大辞典》的编纂思路有了一些新想法。我们建议《北京大辞典》也采用3卷本，总字数为600万字。采用一条多事的编纂模式，以内容分析索引为检索基本单元，词条、索引比为1∶3。即提供3万条可供检索的知识主题，对大主题采用多词条方式，以“大主题、多词条”的方式区别于百科全书以大条目为主体的知识架构。词条释文字数控制在千字以内，以保持成书后版面的辞典形态。我们这一想法得到段老的赞同。

2010年中国地方志指导小组常务副组长、中国社科院副院长朱佳木和我谈编纂《方志百科全书》一事，他拟请段老任主编，让我协助段老工作。这样在以后几年中，段老和我把主要精力放到《方志百科全书》的编纂工作中，但仍安排几位编辑研究《北京大辞典》。之后几年中我也去过上海，每次都会看望巢老。巢老认为编纂《方志百科全书》，把地方志和百科全书连接起来很有意义，会有助于《北京大辞典》的研究。我和中宣部原副部长龚心瀚较为熟悉，有一次龚部长和我的老朋友许锦根一起与巢老聊天。龚部长和许锦根都说《北京大辞典》是很有意义的选题，我向许锦根说了巢老问我《北京大辞典》设不设“毛泽东”条的问题。后来，许锦根写了一篇《辞书界的“巢峰之问”》的小文章发表在上海的一家报纸上。

巢老对地情辞书编纂很有兴趣，他的几个观点给我印象很深。他强调地情辞典编纂应先研究总体设计（设计书），东拼西凑就是瞎编。他说段老《地域百科全书的总体设计》一书对编纂地域辞书很有参考价值。对于地情辞书的作者，应遵循《中国大百科全书》“选择合适的专家撰写适合条目”的原则。作者应该是对条目（词条）的主题有研究的学者，剪刀加糨糊实际上是种抄袭，是对辞书职业的不敬。关于条目（词条）的定性语，他认为是条目（词条）释文的主题，释文围绕定性语展开。不同主题的同名条目（词条）定性语应不同，没有万能型的定性语。如《北京大辞典》和《中国大百科全书》《辞海》是不同性质的辞书，同名条目（词条）定性语应不同、释文也不同。因为《北京大辞典》是北京地情辞书，

《中国大百科全书》《辞海》是综合性辞书。我的另一位百科全书老师金老（金常政）讲过“羊毛”要不要定义问题，巢老很赞成金老的意见，即定性语不要讲读者都明白的大实话。

2016年5月我去上海拜访巢老，在送他回家的车上，他拍着我的手说：“能和你讨论问题很高兴，但我们是见一次面少一次呀！”不承想这是我和巢老的最后一次见面。

师恩如山　永生铭记

——深切悼念巢峰先生

马　静

最担心的事情还是发生了！惊闻巢峰先生逝世，顿时嘴边一片麻木，心跳快极了，心里只有一个念头——一座高山仰止的“泰山”倒了……

泪眼中，我忆起了与巢老交往多年的一幕幕。

困顿中的曙光

我结识巢老缘于编写一本专科辞典《中国茶叶大辞典》。

这本辞书上马之时我本是白纸一张，既不知辞书怎样编写，又没有相应的茶学知识，知识结构捉襟见肘。经过一段时间的恶补，渐入门径，尤其是明白了辞书的特殊性：编写难度高、出版周期长、财力投入大，是一块很不好啃的硬骨头。由于没有配备足够的人手，上马后即陷入了巨大的、具有灭顶之势的工作量当中，上下里外、拳打脚踢，只有我一个人。

工作量大还不足以惧怕，麻烦之处在于辞书的这种特殊性不为大家所知，即使是一般编辑也不了解。这就出现了一个问题，别人一年能编出好几本书，而我却好几年编不出一本书，那时候，没有人明白这是一个工作班子若干年的工作量。

当编辑就要扛指标，我是既无码洋又无利润，白白让别人“养”着，众口铄金，所受压力可想而知。加上当时陌生的环境：20 世纪 90 年代初中央对新闻出版单位作了机构调整，一个部委只留一张报纸、一个出版社，于是我原来的社和现在的社就全建制地合并了，大家互相之间不甚了解，我也无法向大家解释我曾是我社的创利大户，要想做这本书就得面对现实。于是，我被扣了工资，扣了奖金，扣了津贴，并且在全体中层干部会议上受到大家严厉的批评教育。强大的舆论压力令人窒息，然而工作却不能耽搁，我深知自己完成的将是一部填补空白之作，必须做好做成。因此，我每天除了 3 ～ 5 个小时的睡眠以外，其他时间都在工作，没年没节没假日，孩子老人全顾不上。而且，我始终也不认为自己是错的，我毕竟自学过关于辞书编纂的基础知识，但是我无处诉说，因此长期处在异常劳累、异常苦闷的状态中，我的汗水在流，泪水也在流。

我社总编室主任为人正直，他告诉我他认识一位辞书专家，有问题可以去请教，由此我认识了著名辞书专家周明鉴先生，日后由周老引见我结识了辞书界的一批专家，并带领我拜见了巢峰前辈。

那年，我去上海出差，周老正好在上海辞书出版社协助《辞海》编辑部做审稿工作，在周老引见下，我有缘在上海辞书出版社第一次见到巢老。当时巢老在办公室门口迎候我们，减缓了我的紧张心情。那时候的巢老很年轻，看上去五六十岁的样子，满头黑发，人很瘦，但是精神矍铄，眼睛特别有神。

巢老开门见山说道：马静同志，我知道了你的一些情况，你没有走弯路，这是编辞书的正路子，你要坚持下去，我支持你！短短几句话，使我心中积压多年的冰冻在慢慢融化，多年的阴霾在逐渐散去，当时的感觉就像是地下党找到了组织。须知，说这话的巢峰先生可是《辞海》的掌门人啊，国内首屈一指的大牌！在辞书大权威面前，我编辞书的这些做法得到了认可，使我心旌大定，我于多年的困顿中见到了曙光！

在此之后，巢老给了我一系列不可多得的帮助，成就了我为社会奉献出一部优质的专科辞典——《中国茶叶大辞典》，也开启了我与巢老日后二三十年的交往。

扶掖后学　授我以“鱼”“渔”

这次来上海拜会巢老，使我满载而归。

谈话中，巢老给我讲了一个观点，他说，我觉得有三种人编不了辞典，他把手指一个一个地掰着说道：第一种人是急着发大财的，第二种人是坐不住冷板凳的，第三种人是没有业务功力的，编辞典是很吃功夫的，要有甘于坐冷板凳的精神！这些话我记得非常清楚，至今言犹在耳！

巢老接着说，你编的是专科辞典，我引荐你认识一个人，对你一定会有所帮助。他说的这个人就是上海辞书出版社的副总编辑、专科辞典的权威专家徐庆凯先生。这，对于我来说真是一种奢侈的收获，也就是说，日后我在专科辞典方面遇到任何问题，都可以一下找到顶尖级的专家请教，我想，有几个编辑能有这种奢侈的待遇呢？徐老当即送了我他与杨祖希先生合著的《专科辞典学》，成为我日后工作的“靠山”。后来，《中国茶叶大辞典》“专项检查”这项工作就是在徐老亲自指导下进行的。当我向徐老报出本书的文字专项检查有25项、图片专项检查有12项时，徐老可能有点不放心，他要求我把图片专检的12项内容一项一项地念给他听，并要求我逐项做解释。在电话里我都能感觉得到老人家极其专注的神情，当听完最后一项时，徐老长长地舒了一口气说：好，好，我放心了，你的图片专项检查比我们的一些书做得还好！再后来，我在徐老的一些文章中，见到了他表扬《中国茶叶大辞典》(简称《茶典》)专项检查的一段段文字。

次年夏天，我们要在杭州茶科所召开全国所有编委参加的审稿会，我邀请徐老等几位权威专家帮我审稿并出席审稿会，徐老毫不推辞地承担了相当多的审稿任务，写下了洋洋万言的审稿意见在会上宣讲，对提高稿件的质量起到了重大作用。夏日的杭州骄阳似火，烤得人喘不过气来，徐老冒着炎炎酷暑从上海专程赴杭，刚一下车，身上的衣服就都被汗湿透了，把我感动得不知说些什么才好。

那天巢老还带着我在上海辞书出版社里参观了许多地方，他说是想让我了解一下辞书编辑工作的日常状态。在那里，我看到了一些不起眼的小物件，却让我眼睛放光。

大夹板。在总编室里，我看到一摞摞方方正正的薄木板，旧而有光，那光亮就像老家具外面的那层"包浆"。我问其作用，总编室副主任秦振庭老师介绍说，《辞海》稿件要经过多次审稿及多次校对，稿件传来传去非常容易出现磨划破损(当时还没有电子版)，稿子上的字迹也随之丢失，我们用两片木板把稿件夹起来固定好，减少了稿件传递过程中的磨损。听罢我顿时觉得是个好办法！此乃大国工匠的匠心独运，学回去！

大贴样。我从这里还学会了一个宝贝做法：原始底稿多为A4纸大小，四周边上没有多少空余的地方供审稿专家写意见，为了方便多学科专家在同一稿面上写下审稿意见，于是他们把原始底稿贴在一张八开的空白纸上，这样一来，稿面的四周都是可以用来书写审稿意见的空白纸，为审稿人提供了极大方便。后来，我们的稿件也都采用了这种“大贴样”的做法。

我还看到了有40多个工位的校对室，偌大的规模，令人叹为观止！

我还来到上海辞书出版社门外的书店里，各种精美的图书琳琅满目，让我耳目一新，光鉴赏类的辞典就让我眼界大开，《唐宋词鉴赏辞典》《元曲鉴赏辞典》《元明清诗鉴赏辞典》《汉魏六朝诗鉴赏辞典》《中国名画鉴赏辞典》……都说辞典是枯燥的，原来辞典还可以这样编！听巢老说，社里的那些大部头精品辞典，大都经过10年以上的打磨才得以出版。我还看到单册的《辞书研究》已经按时间顺序装订成一系列厚厚的合订本，引起我的极大兴趣。

我想起巢老跟我介绍过的上海辞书社的“辞书出版选题规划”，这个规划长达22年，规划出版大型辞书40种，中型辞书320种，小型辞书108种，描绘出了上海辞书社的宏伟蓝图。我想，这些鉴赏类辞典大概就是这个规划中的一部分吧，它已经由当初的一纸规划，变成了当今的精美出版物。

我在书店流连忘返，许多书爱不释手，摸了摸自己的钱袋子，一口气买了两千多元的书回去。

这次的上海之行让我眼界大开，我看到巢老治下的这个辞书大社极其严谨、专业的作风。最让我开心的是从这里背回了一堆宝物。

巢老既授我以“鱼”，又授我以“渔”，或是耳提面命的教诲，或是传我以观点和方法。就像为我搭建了扶手，铺架了扶梯，每走一步都能有所依随。

说到巢老给我的“渔”，那就是他的辞书理论，他送给我的一些专著及文章如春雨润物，入心入脑。

比如，他关于辞书编纂工作的“三七开”理论，就化解了我的许多困惑，厘清了我的思路，使我敢于坚持自己的一些做法不动摇。《茶典》上马以后，我觉得就像陷入了工作的汪洋大海，压得喘不过气来，即使是三头六臂也做不完这么多工作，而编一般图书从来没有过这种感觉。巢老认为我的这种感觉是对的，只是我这里的人手太少了，因为这是一个班子的工作量。他对我说，编辞书，有七成的工作量都在出版社，出版社就像个司令部，要做好具体10项工作（具体内容从略）。“三七开”的辞书理论与我的工作实践高度契合，使我的工作从自在自为的状态，升华到了以理论为指导的自觉状态。

又比如，词条撰写的“四至”理论。

《茶典》的作者队伍由200多位专家组成，共有20个分部，其中在相关相近的分部中，许多词条都会有内容交叉的情况出现，如在“茶人部”中，有中国茶学奠基人“陆羽”条，在这条里一定会介绍到陆羽的扛鼎之作《茶经》；而“茶著部”中，有“《茶经》”条，也一定会介绍到《茶经》的作者陆羽。如果不加严格界定，这两条有可能会写成一个模样。

学习了巢老的“四至”理论，心里就像有了把界尺，一下子划清了楚河汉界、天云地海。巢老有一段特别形象的文字：“东至墙，西至庙，南至河，北至道。”这 12 个字，严格界定了词条的内涵与外延，避免了超线越位、枝蔓横生的写法。这种通俗的比喻，使作者和编辑都能听得明明白白。这朗朗上口的“十二字令”也成为我后来常向作者引用的经典话语，并惠及我的下一部大书《中国饮食文化史》（十卷本）中，避免了作者的跨区撰写。

使我获得最大支持与解放的，是以巢峰先生为首的辞书界前辈给予我的巨大精神鼓励。在巢峰、周明鉴两位前辈的推荐下，我参加了中国辞书学会的许多学术活动，极大地开阔了眼界，结识了许多同仁，获得了很多帮助。在我第一次参加辞书学会活动的时候，会上安排了我发言交流，我讲述了编写《中国茶叶大辞典》的一些心得和体会，得到大家的热情鼓励，我深深感受到中国辞书学会这个大家庭带给我的温暖和力量，成为我的坚强后盾。在以后的学术交流中，我陆续发表了《论辞书的特殊性》《专科辞典大有可为》

《关于辞书质量的思考》《论辞书编辑的素养》等多篇论文，并从同仁那里学到了更多的长处。

在这些学术活动中，经常能够和巢老见面，得到老人家的一再热情鼓励，他说，你是咱们辞书界的一名标兵，我在一些讲话中提到你，让年轻编辑向你学习。这种吃得了辛苦，耐得住寂寞，坐得住冷板凳的工作精神应该得到发扬光大。听着巢老的这些话自觉脸红耳热，但同时也激励着我不能、也不敢再后退半步。

特别让我感动的一件事是巢老为我站台，全程出席了我的一次业务交流。那一年，应上海辞书出版社之邀到社里做关于辞书编辑业务方面的交流，这离第一次拜谒巢老已经时隔多年，老人家已经退居二线。会议将开始时，我见到老人家步入会场，心中一阵惊喜，巢老来了！我紧张而兴奋，当我走到发言席时老人家已经就座了，就坐在了第一排。那天安排交流的时间比较充裕，将近一个上午，巢老从始至终参加，从未离席，使我深受感动。我发言结束后正想去向巢老致谢，不承想巢老走上讲台来了，这时台下一片肃静，老人家开始讲话，他对我的业务交流进行了讲评，对于我在编辞书时的认真工作态度、吃苦耐劳甘于奉献的工作精神再次给予热情鼓励。我想，能在上海辞书出版社这样的辞书大社做业务交流，有辞书界泰斗级人物为我站台，这是我业务生涯中极大的荣耀！

《中国茶叶大辞典》从策划到出版历经风雨十年，在以巢峰先生为首的辞书前辈的关怀指导下，我的业务能力得到不断提升，成为一名自信的辞书编辑。在风雨如磐的日子里，我不断得到前辈的精神鼓励，他们让我明白了我走的是一条编辞书的正路子，于是不再迷茫彷徨，不再苦闷，把一切不公平待遇都置之脑后，心态也调整得非常结实，经得住击打。我曾经做过一个比喻，我就像一只蜗牛，用坚强的心理铸成一个外壳，不管外面刮风下雨，我都在小小的蜗壳里心无旁骛地潜心做着自己要做的事情，我什么都不怕了！

人民大会堂　冠盖如云

十年的艰苦拼搏，终于迎来了收获的季节！

《中国茶叶大辞典》新书发布会在北京雄伟的人民大会堂隆重举行。这一天，高朋满座，冠盖如云。主席台后的大屏幕上赫然打出了一行大字——“《中国茶叶大辞典》首发仪式”。这个书名是我国文化大家赵朴初先生为本书题写的，遒劲敦厚的七个大字，为整个首发式平添了浓重的文化氛围。同时，国际跨国公司联合利华慷慨相助，为本次首发式无偿提供了全部费用。

人民大会堂湖北厅分外热闹，整个会场洋溢着喜庆热烈的气氛，《茶典》的主编和作者们来了，审稿的专家学者们来了，茶界的大佬们来了，各方各界的领导们来了，我社领导及全体编校出版人员喜气洋洋地都赶来了，还有许多来自新闻界的朋友。这一天，巢峰先生和徐庆凯先生专程从上海赴京，中国辞书学会的多位领导高规格地出席了这次会议。这一天，我换上了一套精心选购的枣红色西装套裙，一改多年来不修边幅的旧貌，以饱满的精神状态恭迎着各界的来宾。

湖北，是中国茶圣陆羽的故乡，会议选在湖北厅举办，寓示我们以这本填补学术空白与出版空白的心血之作，来告慰这位中国茶学的奠基人。

会场四周是我们用心布置的一些展台，展示了我们十年走过的艰辛之路，这里有我们堆码成垛的加工手稿；有诸多学科顶尖级专家撰写的审稿意见，一张张的“大贴样”上，有多位专家用各色彩笔写就的审稿文字，整个稿面赤橙黄绿青蓝紫，色彩斑斓；有我们对文字、图片进行共37项专项检查的书面意见；有词条查重的两大卷纸稿，有我们进行八次校对的校样；还有多年来用空了的一捆一捆笔芯……其中我们的“工艺流程图”引起了大家的极大兴趣，许多人驻足围观。这是一张长达两米多的表格，是用纸一段一段陆续拼接起来的，上边密密麻麻记载了《中国茶叶大辞典》20个分部共进行的1200道工序（后来出版博物馆数次来征集这张表格作为馆藏品，这是后话了）。这些展品都用鲜红的丝带捆扎起来，放在展台上分外醒目。

在这次盛会中，巢峰先生做了题为“一丝不苟　精益求精——祝贺《中国茶叶大辞典》出版”的长篇发言，他从选题、框架、收词及释义规范等八方面对《中国茶叶大辞典》进行了总结，高度评价了该书的出版价值，以及全体工作人员一丝不苟、精益求精的工作精神。他列举了该书在专项检查、查重等工作中许多非常具体的实例，看得出老人家阅读了大量资料，唯此，才能有如此细致入微的总结！他认定《中国茶叶大辞典》是一部精品、一部力作、一部高质量的大型专科辞典。特别是对于我的工作给予了充分肯定，他说，马静同志视图书质量为生命，一丝不苟，字斟句酌，作风严谨，她的这种不计较个人得失、甘于奉献的精神十分可贵。

他还特别举例谈到《中国茶叶大辞典》的工作量和工作效率，他列举了上海辞书出版社编撰和出版时间都在 10 年以上的多部辞典，例如，《敦煌学大辞典》241 万字，有责编 6 人，前后打磨了 15 年。而《中国茶叶大辞典》从作者交稿以后算起只有六七年的时间，在此期间责任编辑马静还处理了其他一些书稿在百万字以上。对于一部 300 多万字的辞典，只有一个责任编辑，又要保证质量，应该说工作效率是相当高的。

他又说：作为一个辞书工作者，我为中国轻工业出版社出版这样的皇皇巨著而骄傲，我早就说过，见钱不见书的出版者是劣等的出版者，见书不见人的出版者是平庸的出版者，而以提高人的素质和加强社风建设为治社之本，以出好书为强社之路的出版者，才是具有远见卓识的出版者。我衷心希望《中国茶叶大辞典》所体现的精神能够推广开来，发扬光大，从而创造更多的辞书精品，创造辞书事业的辉煌！

巢峰先生的发言获得了全场的热烈掌声。而后各界权威人士相继发言，高度赞扬了《中国茶叶大辞典》。

当天的晚宴气氛热烈，达到了本次活动的高潮，宴会厅里灯火辉煌，大家心潮澎湃，举杯庆贺这来之不易的成果。

当时我心里百感交集，思绪万千。来自全国各地的这么多权威专家对《中国茶叶大辞典》给予那么高的评价，特别是辞书界泰斗巢峰先生的发言，给了我极大的鼓励和鞭策，《中国茶叶大辞典》从此翻身了！我相信，舆论的压力和人格的歧视一定会慢慢消解，辞书编写的特殊规律一定会在出版社的编辑中逐渐普及，“十年磨一剑”的工匠精神一定会得到普遍认可，我笃信！

后来《中国茶叶大辞典》获得了三项国家级奖项，并有着良好的市场表现，一再重印，至2023年初已达十印以上。鉴于此，《中国新闻出版报》发表了记者郭晓虹撰写的长篇报道《芳草碧连天——记马静和〈中国茶叶大辞典〉》，并配发了该报总编辑张芬之撰写的文章《向马静看齐》，给了我莫大的鼓励与荣誉。

《中国茶叶大辞典》收官以后，我即投入到另一项巨大的文化工程中，这就是前后历经23年的《中国饮食文化史》(十卷本)。在日后的多年中，巢老一直在关注着我，帮助着我，指导着我。我们把编辞典时一丝不苟的工作精神，以及“专项检查”等一些技术手段都带到了这部大书中，成为提高书稿质量、消灭差错的杀手锏。

在这部《中国饮食文化史》的编辑后期，我撰写了一篇“编辑手记”附在书后，记述了这23年屡经坎坷而后起死回生的出版历程，以及我们在这部大书中为填补学术空白与出版空白作出的不懈努力。我把这篇“编辑手记”呈交巢老斧正。

“编辑手记”共分5个部分，小字密排长达9页，共1万多字。老人家逐字逐句看完之后帮我做了修改，使其臻于完美。在该书报奖时，巢老又帮我写了推荐信。后来这部大书以优异的编校质量和填补学术空白的内容优势，最终获得两项国家级大奖。巢老来信写道：“马静就是马静，没有精品不出手，出手就是又一手！”

如今，看着老人家留下来的篇篇手记，睹物思人，潸然泪下，老人家再也不会帮我看稿子，再也不会耳提面命教我勉我，心中一片凄然，人间再无巢峰老，痛向天国放悲声！

惊心动魄的《辞海》词条　唯实求真的铮铮铁骨

我手边珍藏着一张报纸，是《光明日报》名记者庄建撰写的长篇专访《巢峰：中国出版的一个传奇》（2012-7-12），使我得知了在《辞海》编纂的道路上，还有过这样惊心动魄的一幕，有过一段我完全不知的历史。阅读这篇文章时，我几度后背发凉，心跳加快，极度关注着主人公的命运。

这里说的是1978年《辞海》拟恢复出版时的事情。

那时候“文化大革命”刚刚结束不久，人们正在从混乱的无序中走向有序。《辞海》面临着一个绕不开的问题就是一些政治性的词条怎样去写？报纸原文写道：“阶级斗争”“路线斗争”这些词条怎么写？对刘少奇等人物如何评价？对国民党以及台湾问题怎样涉及？对孔子、海瑞等历史人物做如何评价……主编夏征农派常务副主编罗竹风专程前往北京寻求指导，谁想，二十多天后罗竹风无功而返。

是啊，这是多大的难题啊，谁敢对这样重大的问题拍板！但凡是亲身经历过“文化大革命”那个年代的人，谁都能掂得出其中的分量，一旦拍板，就有可能付出沉重的代价。那曾是一个惊心动魄的年代！

巢峰先生临危受命，1979年初春，在夏老、罗老的指导下，组织辞海编辑部展开讨论，亲自动手起草了对稿件处理的具体意见，共“八条三十九款”，大胆否定了“以阶级斗争为纲”等当时最流行的理论。这些事情现在看来不算个啥，但是在当时得有多大的勇气啊！巢峰先生他们唯实求真，不唯上，不唯书，不怕掉头坐牢，以大无畏的铮铮铁骨，唱响了中国出版史上一曲荡气回肠的凯歌！

两年后，中共中央作出了《关于建国以来党的若干历史问题的决议》。回首望去，巢峰先生当时拟定的这“八条三十九款”，与中央精神是完全一致的，对一系列重大理论问题和实践问题的是非得失的判断是正确的，体现了巢峰等老一辈辞海人“敢为天下先”的前瞻性眼光。但中央文件的颁布毕竟是两年之后的事情了！在这期间要冒着多大的政治风险，要顶着多大的舆论压力啊！试想，有几个人能够这样做、敢于这样做呢？我心中油然赞道：巢峰先生威武！

巢老深植于骨子里的这股勇气，贯穿他辞书事业的一生。他发动了在辞书界打击假冒伪劣辞书的“三大战役”，批判了王同亿的伪劣辞书，剑锋直指辞书界的种种歪风。“三大战役”沉重打击了剽窃及粗制滥造的恶劣行径，极大净化了辞书的编撰环境与出版环境，净化了辞书市场。巢峰，是出版界的护花神，是出版家园的守望者，由此又引发我回想起一件与巢老有关的事情。

我这个人是业务脑袋，钻在稿子里就出不来，不大管闲事。但是对看不下去的事情，憋不住了也要站出来说几句。我看到有相当长一段时间，市场上流行一类食物相生相克的图书，卖得火火的，经常打榜。我是食品专业的编辑，自然也接到了不少这样的书稿，翻开一看，里面净是些这样的内容：“蜂蜜和洋葱不能一起吃，吃了瞎眼睛”；“牛肉和韭菜不能一起吃，吃了得霍乱”；“猪肉和香菜不能一起吃，吃了烂肠子”……凡此种种，这种胡言乱语的文字，竟被一些虔诚的老妈妈贴在厨房墙上奉为圭臬！据说这些内容是引自古代某某经典著作。

我觉得这是欺骗和误导老百姓和广大读者的伪科学，一定不能任其蔓延。为此我联合了一些媒体和有关专业学会进行正本清源的工作，并发表了一些论文，提出对古代文献资料的扬弃问题，提出要用当代科学理论匡正古代文献资料中的历史局限性问题，旨在净化出版环境。当时我觉着这只是捎带手做的一件小事，却引起了巢老的注意，并得到巢老的赞许。他在我的一份报奖推荐书上专门提到这件事："马静做书，一直坚持社会主义先进文化的方向，尤其在饮食文化领域中，坚持继承和发扬祖国优秀文化的精华，同时批判和扬弃其'相生相克'中的糟粕，理直气壮提出坚决打击饮食文化中的伪科学。"我看完这段话深有感触，老人家像看护自己的眼珠子一样在守护着我们的出版环境啊！他的眼睛里容不得一点沙子。

京城逢"米寿"

数年前巢老偕老友徐庆凯先生来北京讲学，见面之后巢老说，我年纪大了，这可能是我最后一次来北京了！言语间，感觉到老人家心中的一种惆怅，岁月不待人啊！我心里顿时有一种酸酸的感觉。

巢老在北京的朋友众多，大家为巢老举办了隆重的欢迎宴会，出席人员规格之高令人称羡，原新闻出版总署老领导邬书林同志、桂晓风同志领衔坐镇，真是八面威风！当得知巢老马上就到八十八岁生日了，大家决计把这次欢迎晚宴同时办成巢老的“米寿宴”，让老人家在京城高高兴兴度过自己八十八岁的生日。

巢老是江苏人，晚宴地点选在一家江苏风味的酒店，并为巢老一行预订了地道的江苏风味菜肴，精心安排了食谱。华灯初上，四面八方的朋友们陆续到了。老友相见分外欢愉，说不完的相聚之乐，道不尽的离别之情。周明鉴先生与巢老、徐老是多年的老朋友，加之周老驻《辞海》编辑部审稿两年，老友相见相谈甚欢。餐厅里柔和的灯光，典雅的布置，平添了许多祥瑞之气。

菜肴一道一道上来了，席面非常漂亮，赤橙黄绿、色彩缤纷，且口感软嫩，很适合老人的口味。我知道巢老有饮酒的偏好，就从家里带来了绍兴产的瓷坛黄酒，里面放上了姜丝与梅子，香甜之中微带辣味。老人家喜欢喝烫热了的黄酒，酒热之后，浓浓的香气飘散出来，满屋酒香。邬书林、桂晓风两位老署长站起身来举杯向巢老敬酒，大家也频频举杯向巢老敬酒，一是欢迎老人家来京讲学，二是祝贺老人家在京城度过这难得的“八八米寿”。

正当大家品饮得畅快淋漓、酒酣耳热时，突然眼前一亮，只见从后厨端上来一盘硕大的面艺寿桃，八大八小。雪白的寿桃丰盈剔透，桃尖呈绚丽的红色，下衬两片绿色的桃叶，真是爱煞个人儿！这时有人提议拍照，于是大家簇拥着寿星巢老，端着寿桃，拍下了这美好难忘的时刻，巢老的脸上始终洋溢着慈祥而幸福的笑容。

回来之后我也异常兴奋，想着多年来巢老对我的关爱扶掖，想着老人家米寿之年还能来京讲学，心中升腾起对老人家的由衷祝愿，遂写了打油小诗一首，用毛笔小楷抄好寄给了巢老：

敬贺巢老京城讲学喜逢米寿日

先生恩泽重，学生五内铭。
旗高众人仰，遐迩有贤声。
京城逢米寿，众贺长庚星。
福如东海水，寿比南山松。

老人家喜欢用传统的笔墨纸砚写信的“书信文化”（这是我从巢老那里学到的一个词），所以我与巢老的通信都是用纸笔书写，老人家十分高兴，有信必复。他说：“自从进入信息时代，书信文化就逐渐淡化了，你用这种传统的文化方式给我写信，使我感到十分亲切。”

巢老的书信总是催我奋发，勉我向上。在他的一封信中说：“我已老朽，而你还年富力强，我寄希望于你们这一代出版人、辞书人，长江后浪推前浪，一代总比一代强。”后来，当巢老得知我获得了“韬奋出版奖”非常高兴，专门打来电话祝贺。

如今，恩师走了，这一切都已成为刻骨铭心的历史……

一代大师，远行天国，风木凄然，九天寒彻。
先生之风，山高水长，先生之德，青史流芳。
恩师巢老一路走好！学生长揖泣送！

当代辞书出版事业的坚守者

——怀念巢老

乔 永

2023年1月8日，在北京新冠阴霾笼罩的阴郁日子里，看到上海辞书出版社宋岚女士发来的微信，巢峰老先生去世了，享年95岁。我听闻噩耗，悲从中来。巢老，蔼蔼长者，我尊敬的辞书出版界的老前辈，是出版大家，是我学习的楷模。巢老从事出版工作六十余年，以一辈子的求索与坚守，塑造了辞书人乃至出版人的风骨风范。他德高望重，学问精深，“坚守出版初心，担当文化使命”，指导着我们下一辈人爱辞书、编辞书，影响了我们一代人的编辑人生。

认识巢老，很多人都是从《辞海》开始的，我也是。巢老，公认是《辞海》的领军人物。《辞海》作为以字带词，集字典、语文词典和百科词典主要功能于一体的大型综合性辞书，与《辞源》一起堪称辞书史上的里程碑。巢老参与主持了《辞海》第三、四、五、六、七版的编纂出版工作，这多不容易啊。2003年初，商务印书馆开始了修订《辞源》的准备工作。作为《辞源》项目组成员，我初期主要负责《辞源》研究和修订资料的收集工作，有关《辞源》《辞海》的研究评价材料是我关心的重点。2007年，我借去上海参加会议的机会第一次拜见了巢老。

我们工作中经常要使用《辞海》。在学习和研究《辞海》时，经常能看到巢老的名字。《辞海》一版一版地修订，一年一年地打磨，出版家巢老的人生，也与《辞海》彼此交融，互相成就。学《辞海》，学巢老，我一直在内心要求自己。

我与巢老交往多起来，是2007年《辞源》正式修订以后。记得2009年10月20日，在金桂飘香的西子湖畔，由中国辞书学会、浙江大学主办，浙江大学汉语史研究中心、商务印书馆、上海辞书出版社承办的“2009年中国辞书高层论坛——《辞书研究》创刊三十周年学术研讨会”，在杭州市金溪山庄召开。中国辞书学会名誉会长巢峰、曹先擢先生等和来自高等院校的鲁国尧、吴金华教授等以及各大出版社等单位的代表共70余人参加了研讨会。

会议组织了一个大型辞书修订高端论坛，《辞源》《辞海》《汉语大词典》《汉语大字典》等的相关人员都有发言。上海的彭卫国介绍了《辞海》（第六版）的修订情况及其成功的经验。四川的雷华介绍了《汉语大字典》的修订情况，呼吁国家加大对几部国家级品牌辞书的保护、支持力度。我代表商务印书馆《辞源》修订组做了一个报告，介绍《辞源》百年来的修订情况，以及本次修订与《辞海》《汉语大字典》《汉语大词典》等大型辞书的不同之处。我的报告强调，突出《辞源》定位，继续确定《辞源》在大型辞书领域里的地位。《辞源》是中国现代史上第一部大型综合性工具书，代表了当时中国辞书编纂的最高成就、最高水平。百年后的这次修订要继承和发扬老一辈商务人求精务实的优良传统，保持《辞源》精品辞书的地位。针对《辞源》与《现代汉语词典》《辞海》《汉语大词典》等辞书的分工，突出以下特色：一是探求词语来源，包括语词条目义项的始见例和名物百科条目义项的理据，真正做到《辞源》有源。二是加强古代百科，较多增补古代名物百科方面的条目，在释文中注意信息量的准确、均衡，拉开与《辞海》(侧重于现代百科)、《汉语大词典》(侧重于古代语词)的距离。三是充实参见系统，书内参见："见 ×"条和"参见 ×"条，增强《辞源》词目与释义的系统性；书外参见："见 ×"书和"参阅 ×"书，扩大《辞源》的知识含量。

巢老聚精会神地听完了我的发言，他对我的观点表示了肯定。与会的曹先擢先生也做了点评。巢老是大型辞书编纂与修订的专家、行家，是先后参与主持了多个版本《辞海》编纂修订出版工作的"辞海人"，我说的这些他都很重视。面对各家出版社，面对几大辞书，我想，巢老明白我们的努力，也理解我们的追求。记得会议报告结束后，徐祖友兄特意拉我到巢老身边，跟巢老交谈了几句。巢老约我会后到上海辞书出版社好好谈谈。

离开杭州，我专程去上海辞书社拜见巢老，还陪先生一起吃了午饭。我跟巢老详细汇报了我们收集到的资料、我们的做法、我们要达到的目标等，对有些不太有把握的问题做了咨询。巢老作为《辞海》一路走来多个版本的见证者和亲历者，太明白编舟渡海中的苦与甘。他肯定了我们的思路和所做的工作，说应该有“辞海学”“辞源学”研究，希望《辞源》《辞海》的修订加强交流。很多话我记不清了，但他说到的“大型辞书，三分编写，七分组织”；“我们应该做到书比人长寿”；“好的编纂队伍养之三年不足，毁之一旦有余”；“应该有‘辞源精神’‘辞海精神’方面的研究”等话，我仍记在心里。这次谈完后，就《辞源》修订程序等具体工作，巢老还介绍我去和乐嘉民、秦振庭二位《辞海》修订的领导和组织者交流。与他们二位的交流，更加深了对巢老这些话的理解。

2013年秋天，中国辞书学会在上海崇明岛召开年会。我和我们的《辞源》修订主编王宁教授都做了发言。巢老也与会了，就《辞源》修订遇到的一些具体问题，我再次向巢老请教。此后，我们的接触多起来，经常电话联系。大型辞书修订人力、方式是我们谈得最多的话题。由于大型辞书牵扯面广，涉及人多，巢老多次提及“大型辞书，三分编写、七分组织”的话，对我们启发很大。大型辞书修订，要处理好项目组与主编、修订者的关系。这可能是我们出版编辑工作的重中之重。对我们项目组来说，认准一个目标走到底，处理好馆里、主编和项目组之间的关系，又是重中之重。我听完巢老的教诲指点，心有戚戚然。我决心在修订过程中努力学习，勉力为之。我还跟巢老介绍了《辞源》百科词目的修订思路和修订作者等情况，他说："《辞源》的百科条目很重要，是修订的重中之重。"他特别推荐我跟徐庆凯先生聊聊，看徐先生的《辞海》百科研究文章，鼓励我们把《辞源》百科修订工作做好。我和徐庆凯先生就《辞源》是综合性大型辞书、综合性语文辞书，还是综合性百科全书等问题做了探讨。2015 年 2 月，我收到徐庆凯先生、秦振庭先生的《辞海论》，受益匪浅。

巢老在中华人民共和国辞书编纂修订的大潮中，筚路蓝缕，搏击风浪，推动了辞书打假和准入制度。他说："这么多年来，我的生命跟编纂《辞海》交织在一起。我老了，但我相信《辞海》不会老。"是的，我坚信，书比人长寿，巢老几十年念兹在兹的《辞海》，永远不会老。他还说，你们年轻，要研究"辞源精神""辞海精神"。这些话一直滋养着我们这些辞书人。

巢老是我们学习的楷模。他曾是中国辞书学会名誉会长、中国编辑学会副会长、上海市经济学会名誉会长、上海市编辑学会名誉会长。他在六十余年的职业生涯中，曾获"中国出版政府奖优秀出版人物奖（优秀编辑）""中国韬奋出版奖""中国辞书学会辞书事业终身成就奖”，曾入选“新中国60年百名优秀出版人物”，这些荣誉我们能得其中一项都是终生的梦想。他出版过《出版论稿》《政治经济学论稿》《巢峰辞书学论稿》《辞书记失》等学术专著。这些书大部分我都读过，我还无数次幻想以后能和巢老一样，七十岁、八十岁都能坚持做最喜欢的辞书工作，为《辞源》做自己力所能及的事。很多年过去了，想起巢老的鼓励，心里还是热乎乎的。

其实，巢老还是全国出版专业技术人员职业资格考试的积极推动者和践行者。我参加出版专业职业资格考试命题工作的这些年，经常听到岳麓书社夏剑钦社长和《辞书研究》的陆嘉琦兄长谈起2002年首次出版专业职业资格考试的教材、命题工作的经历，谈起巢老与刘杲先生、蔡学俭先生等老一代出版家筚路蓝缕的探索，我们都肃然起敬，他们都对出版专业职业资格考试工作作出了杰出贡献。

2015年7月，巢峰和徐庆凯两位先生到京。这年，巢老88岁，米寿之年，说他最后一次来京了。中国辞书学会在王府井银泰的一个餐厅接待，庆祝巢老米寿生日。巢老让我们总编辑周洪波通知我一起见个面。在那次聚会上，巢老谈笑风生，跟大家说了很多话。记得巢老说：“编大型辞典，枯燥是枯燥，但钻进去其乐无穷。辞书的每一条都是知识。”我跟巢老汇报了《辞源》修订的进展，告诉他年底能出版。

巢老把自己的一辈子都献给了《辞海》，“对不对，查《辞海》”，已成为广大读者的口头禅。巢老却很谦虚，说：“《辞海》

不是天书，不可能不犯错。一代代辞海人，即便是‘超人’，也只能认识客观世界的某些部分，却不能认识整个客观世界。”他实事求是的精神跃然纸上。现在，巢老的精神已经凝聚成了“一丝不苟、字斟句酌、作风严谨”的“辞海精神”，值得我们每一个辞书编纂者学习。

巢老曾说：“金无足赤，书无完书，每一版《辞源》《辞海》都打上了各个时代的烙印，历史的车轮滚滚向前，不断有新事物萌生，人们的观念随之发生着深刻的变化，书中知识点同样会陈旧老化。需要及时修订。”这些对我们辞书出版者、编纂者、修订者都很有启发意义。

2015年底，《辞源》（第三版）修订完成出版之际，在于殿利、周洪波两位老总的督促支持下，我的小书《辞源史论》也出版了，而且作为到人民大会堂参加《辞源》（第三版）新闻发布会的礼品，送给所有与会者。我也寄给巢老一本，很快就收到了他的亲笔回信。

乔永同志：

《辞源史论》收到。因我身体欠佳，住院多时，复函来迟，殊以为歉！

大作的意义甚大，而且与徐庆凯同志的《辞海论》遥相呼应，一南一北，相得益彰。

《辞源》《辞海》是旧中国留下的硕果仅存的两部大型综

合性辞典。对它们的研究和评价，具有重要意义。谨此向你致敬。春节将至，祝大安！

巢峰

2016 年 2 月 2 日

转眼已经过去七八年了，疫情也已过去了，劫后余生的今天，我再次看这封信，心里感慨万千。

我们要把对社会的爱和责任献给辞书。辞书的编纂与修订是一代人接一代人的事业。大型辞书的生命力正在于不断修订。人类学问的长河永无止境，在知识长河探索前进的过程也是无止境的。辞书编纂与修订既是承前启后的，也是修正缺点错误、使之转化为真理或接近真理的一个过程。巢老六十多年的辞书人生激励着我们努力前行。

记得在一次辞书会议上，巢老曾说："见钱不见书的出版者，是劣等的出版者；见书不见人的出版者，是平庸的出版者；而以提高人的素质为治社之本，以出好书为强社之路的出版者，才是具有远见卓识的出版者。"这句话至今对我们还有指导意义，值得我们铭记。

谨以此句缅怀睿智的巢老：

巢老千古！

2023 年 5 月 4 日

辞书天地，风威长河

张 洪

虽然从小学中学就使用字典词典，走出校门工作后又翻阅五花八门的工具书，但真正切身感受辞书字里行间的分量，还是转行成为出版机构员工之后。2003 年 10 月，新闻出版总署公布中华人民共和国成立后首度辞书质量专项检查结果：19 种不合格产品公诸世间。身边书、相识熟知的人遭遇当头棒喝，境外访学的我从网络上看到报道，不好意思辗转打听当事者反应如何。细看书单及相关消息，僭越妄称"辞海""大百科"者不在少数。联手学术圈出版界，承办专项检查任务的中国辞书学会于是乎铭记此事。1992 年中国辞书学会成立伊始，郑重昭告两项重要使命之一即褒优评劣，为制止不正之风和腐败现象鸣锣开道。于光远与时任第一副会长巢峰等人合著《我们丢失了什么——"王同亿现象"评论文集》，集中火力针对抄袭剽窃、粗制滥造、重复出版三股歪风，鸣鼓而攻之。排头兵巢峰先生亮剑直击：改造整顿文风书德，著书立说者务必先修身正己，切不可成为文化骗子和掮客。辞书评论既是辞书研究的一部分，也是辞书编纂出版的舆论监督，是使辞书事业健康发展不可缺少的一个有力武器。

有意识再觅读巢峰先生所撰《中国的图书市场》《中国图书出版业的滞胀现象》系列大作宏文，尤其关注围绕辞书提高质量、整治环境、扶正祛邪的短章札记，譬如他始终特别强调的“评劣”主题词，问疾叩病，猛药诊疗，痛下针砭，失误、失准、失衡面前，不见含糊和推诿，断无温暾与游移。博引旁通的警句隽语让人过目难忘。出版社如何从出书当中分类查辨两个效益，首选上佳者又创牌子又赚钱，末位两种分别是不创牌子不赚钱、倒了牌子赚大钱。两个效益怎样正确处理，行内从业者一目了然心领神会。

巢峰先生六十年出版工作中曾经长期主政上海人民出版社和上海辞书出版社社务，参与主持《辞海》五个版本的编纂出版，又兼任中国辞书学会代会长、名誉会长。“辞海人”杰出代表巢峰先生，紧张忙碌中仍矢志研究，在经济理论、出版科研方面术有专攻，殚尽心力，造诣颇深。我想到自己即将步入 40 岁门槛时，正处于困惑彷徨中摇摆迷离：是往回走转向专业学科领域，还是继续扎根图书编辑行当？三年上下，“老童生”曾经四次报考京城名校名师传播学博士生，几所本地高校院长、系主任也欢迎我去任教、试讲。

最终，前辈巢老双栖并举，学术、实行的斐然成就胜人之口、服人之心，为同行同道树立了高高的标杆，令我仰止行止。同异交得，协同增效，相积而成，不能至，心向往，就这样，小我咽下定心丸，鼓努为力当好作者读者间“桥梁”，纸面乾坤做道场，终身学习乐不疲。

2008年春节前夕，我作为后学晚辈向巢老呈信奉寄贺卡，致新春祝福并庆八秩寿辰，同时汇报拜读其文章的一己浅见。蒙老人家垂爱，谦称我对他评价过高，受之有愧。包裹里惠赠《出版论稿》《政治经济学论稿》两部大作，写有“请批评指正”。他不忘辞书人纠错指谬的职业习惯，开门见山道明我地址、单位都弄得不准，因为我的毛糙马虎，耽搁了邮件接发。我翻阅研读七八十万字的两册文集，尤为感慨其瞩目长远的运筹设计与深谋良策。开先河的《唐诗鉴赏辞典》问世40年，累计销售超过500万册；前瞻性地提出“十年一修”修订原则，《辞海》承传有绪，清流澄明。再以他发表的《22年长远选题计划是怎样形成的？》和《图书效益论》两篇文章为例，100种选题雏形从无到有，大中小型辞书组合而成的22年长远计划，何以支撑起独立门户辞书社那么多奖项和较好的经济效益？如果出版社效益评估时把社会效益指标规定为70%，继而推导所得税、工资总额的增与减，改变考核体制，才能从根本上解决问题，驱动出版社在出好书前提下去赚大钱。记述追忆夏征农、罗竹风冲破政治束缚，还辞书以本来面目的铮铮铁骨，铭感出版前辈体察抒发编辑“苦衷和心声”，锤炼萃取“辞海精神”的业绩操行。“一个优秀出版工作者，首先应是有理想有信念的革命者，做好人，才能出好书。”巢老荣获“第五届中国韬奋出版奖”时的大会感言，检点自身差距，比照贤达拔萃，学无尽头，自愧不安。受其影响熏陶，踵武后生着意搜罗披览陈原、范用、陈江、沈昌文等编辑大家撰著与策划作品，油然生发夹叙夹议的书话杂说。沪版《韬奋全集》十几卷，驻足我案头身边一年多，潜心揣摩，暗自兴叹，总算勉力完成了万余字礼拜长文。当然，试笔“辞海精神”与巢峰编辑思想更是题中应有之义，虽力有不逮，倾吐衷肠，聊以告慰知恩感恩心情矣。

寻找问题，自我检视，理性审读，反省商榷，《辞海》(第七版）开始编纂之际，组织完成学科解剖报告80份之多。巢老回望《辞海》78年历程，点评修正的缺点错失，质疑后勘误，查核校验，纠正补正，参正检正，批判地认知，在真理的长河中跋涉前进，专注，虔肃，老夫子“吾道一以贯之”。他将记录辞书之过的札记随笔汇集成册，名《辞书记失》，由政治、哲学、经济、文化大类着眼入手条分缕析，升华为独创门派的辞书文本批评学。内蕴积累的常识学识见识智识胆识共同发力，共事五六十年的知交徐庆凯先生撰序点评时称赞巢峰正气义气勇气锐气才气集于一身。胆识勇气率先引领，笃实沉潜，不逞臆不武断，不盲从附议不妄施斧斤，批评的高格，鉴赏的胜景，自重自持，君子深造自得也。《荀子·大略》言："是非疑，则度之以远事，验之以近物，参之以平心。"比如"文化大革命"年代，辞书不符合史实不合逻辑的讲述，任意编造胡言谎言，颠倒相互关系，炮制谬论和本无的术语，为政治目的服务甚至酿成"文字狱"，诸多讹舛荒唐像煞有介事，巢老一一举证，精审密察，曝其原形，细语微言而见大义新知。孙犁回忆"文化大革命"后期与书友的一段交往，感慨居不忘危的心态，"巢居者察风，穴处者虑雨"。如许读书人留下的忧患记忆，信有征矣。

耄龄 86 岁的巢老曾在信函中与我笔谈《辞书记失》，戏说书中"有些观点属于异端"，"勉强算一本工作体会"。立目定义，释文表达，举凡政经思辨，涉猎中外辞书，精神求索的轨迹，学术生命的力量，异花奇草激发阅读兴致，桑榆暮景堪称天鹅之歌。展卷持诵出版前贤弦箭文章，清道之举，一代直声，长久回响。法国思想家蒙田的自况，恰似辞书生活中巢老的写照：自我乃人们探求真理的唯一可能的场所，我本人就是我的作品的内容。真理只是一个给定的、存在的事态，承继而不绝的真理，正是同谬误相比较而存在、相批评而发展的。

反思解说我们辽宁人民出版社辞书出版历程，主调风正帆悬，终究瑕不掩瑜。畅销品牌当中，从《新日汉词典》两次入选国家辞书规划，到文史类佳作《圣经百科辞典》升级更新，积厚者流泽广，深耘人收获丰，都足见不凡的创造与转化已是传统，已成基因。吾社同仁与巢老笔墨结缘倏忽而过30年，1993年辽版《中国当代文化名人小传》收录二十几个学科的专家学者，出版界别巢峰作为代表人物名不虚传，那几年正是花甲老人身兼两家社社长总编辑，勤勉有加、最为操劳的岁月。2014年，巢老题赠书目和样书时不小心也出现了小小的差池，《辞书记失》中夹带了两封信，除了写给我的一页外，还另附了同日致夏剑钦先生的一通。前段时间浏览刘硕良先生编注的《春潮漫卷书香永——开放声中书人书事书信选》，孰料偶然发现夏先生乃刘先生湘楚同乡，历任湖南人民出版社和岳麓书社领导，主持岳麓十年间适才适任，两个效益倍添实力，“一主两翼”充满后劲。《魏源全集》《船山全书》《湖湘文库》等大型工程，都留下了他精耕细作的痕迹。关外后学当抓紧时间与书界湘军打听联系方式，连线结缘，道歉表敬，尽快呈上延宕手头九年之久的巢老亲笔大札。

清辞粲若花立本，书林过眼凝翠微。域外先哲亦有断言：真正的读者是字典迷。国家博物馆入藏钱锺书生前使用最勤最多、“逐字精读细啃不止一遍”（杨绛语）、遣兴批阅、注释详尽的《韦氏大词典》，盖缘于此。淹通群籍、皓首穷经的巢老天上有知，肯定颔首会意寻根究底的个中奥妙与情趣吧。“词典是可以读的，学问愈好，读得愈有趣味”，余光中语出有据。但愿有朝一日欣欣焉置身此番辞书境界，翻、检、查、阅，得心应手，手到擒来，问道求真的辞书山海间逍遥自在，乐而忘返。

巢峰印象记

李春平

据说，有一个汉语词语永远找不到对应的英语来翻译，这个词就是“缘分”。我与《辞海》就是有缘分的。这个词只能意会，但说不清，道不明，但缘分又是确实存在的。

我于 1995 年从陕西到上海，从事职业写作。到 1998 年，我已经出版了长篇小说《上海是个滩》，反响不俗。中篇小说《玻璃是透明的》由北京电影制片厂导演夏钢改编，要在上海拍电影，但我的日子甚为艰难。我不知道下一步该写什么。1999 年 3 月的一天，我在读《新民晚报》时，突然看到一则关于编辑《辞海》新世纪版的消息。新闻中，举了一个新编词条的示例，我认为这个词条的释义有待商榷，就打了个电话到上海辞书出版社，接电话的是辞海办公室主任秦振庭先生，我就直接称他秦老师。秦老师认真地听取了我的意见，并约我方便的时候到他办公室一叙。第二天，我就带着我的长篇小说《上海是个滩》和发表在《电视　电影　文学》杂志上的报告文学《世纪末的漂泊》来到了位于陕西北路的上海辞书出版社，与秦老师见面。他的办公室里，堆码着正在编辑中的《辞海》样稿，既有图片，也有文字，乱中有序地堆码着，厚厚的一叠，甚为壮观。旁边的书柜里，陈列着各种版本的《辞海》，那种古旧的色泽，给人以强烈的历史感。聊天中得知，他是属牛的，我也是属牛的，他长我 12 岁。他特别强调了一点：《辞海》也需要宣传，如果你能关注《辞海》我们也很欢迎。聊了一会之后，他就把我带到了时任社长李伟国先生的办公室，让我跟社长也见个面。

我从李伟国先生办公室出来，秦老师又让我见另一个领导，就是巢峰。这时候的巢峰已年过七旬，中等个子，胖瘦适中，一头茂盛得密不透风的头发，看上去英武、干练，如果能从言谈中窥探他的性格的话，他骨子里有一种很坚硬的东西，让人感受到力量和强劲的存在。他很健谈，一口气说了好多，都是关于《辞海》的事，我几乎插不上话。当然，还有一个原因，我不能说过多的话。我是从大西北来上海的，一身土气，又没见识，在上海辞书出版社这种让人敬畏的地方，满眼都是文化人，我只有一个“作家”的虚名，岂敢放肆。我告诫自己，出言必须谨慎。少说话或不说话，别人便不知道我的无知。也许一开口，就让别人看出了我的底细，这就无法把我才疏学浅的本质遮蔽起来了。这次见面时间短，聊了大约半小时，我就离开了。出门后，秦老师告诉我，巢峰是《辞海》副主编，是我国著名的出版家和编辑家。他非常能干，既有学问，又懂经济，懂管理，为《辞海》花了半辈子心血，听他这么一说，我对巢峰先生更是肃然起敬了。

过了几天，我接到秦老师电话，他说李伟国社长约我到出版社去一下，谈个事情，可能是要我来写关于《辞海》方面的文章。放下电话，我就兴致勃勃地去了。我住在浦东南码头，从那里坐公交车没有直达车，要走近一千米才能到达陕西北路的上海辞书出版社。先见了秦老师，他把我带到李伟国社长办公室。李社长开门见山地说："你的报告文学我看了，写得不错。可以看出，你是个喜欢读书的作家。"我问从哪里看出来的。他说，你在文章《世纪末的漂泊》中引用的《共产党宣言》中的一句话：每个人的自由发展是一切人的自由发展的条件。这句话在目前我们所见的《共产党宣言》译本中是没有的，中译本里删除了这句话。一个不读书的人是根本不可能知道这事的。根据你的实力，我们出版社就想请你写有关《辞海》的文章，你看能不能写五六万字？我说可能不行，《辞海》是中国最有影响力的工具书，这么浩大的文化工程，不可能五六万字能够表现出来，弄不好就会超过十万字，甚至可能是一本书的篇幅。李社长说：那好，一本书正好。我们不限制篇幅，你能写多长就写多长。我提出了两个条件：第一，出版社要提供采访条件和文献资料；第二，怎么写是我的事，不能限制我的创作自由。李社长答应出版社给我配一个人、一辆车，负责我的采访工作和对我早出晚归的接送。接着他就给秦老师安排工作："这个事情你负责。要在新版《辞海》出版之前把它写出来，时间紧张，越快越好！"

这对我来说无疑是一个艰巨的任务。第一是写作环境，我刚刚在临沂中学借了个房子，家徒四壁，只有一张床铺，没有桌子写字。楼下有个餐馆经营不下去了，便把桌椅都当成垃圾扔在外面，我发现有张桌子完好，已经二十多天了，没人管。我想要它，可又不好意思拿走。因为周围都是认识我的人。尽管它已经被主人当成垃圾，但真要拿走，就会被人认为是偷盗行为，即便不算偷盗，也会有失体面，甚至有伤尊严。有天下大雨，我趁别人不注意的时候，跑到楼下偷偷地把桌子扛走了。拿回家才发现，桌子的一条腿有伤残，可以立起来，但不稳固，有轻微晃动。在上面写作，胳膊压上去就吱吱作响。时令已至 4 月，全年的时间只剩半年多。大量的采访任务，心中没底的文献资料查阅，真不知道它有多大难度。如果没有足够的文献资料，如果没有足够的专家采访，就无法完成全部写作。接下来，我和秦老师就商量具体方案。秦老师说，采访《辞海》专家，难度最大的是高龄老人，身体不好的无法进行采访，身体好的又忙不过来。在出版社内部，必须采访的是巢峰，他资历老，知道的事情多。反正他每天来上班，就不需要专门安排时间了，你每次过来时，只要他有空，就去找他聊聊。

按秦老师说的，有天我就去了巢峰先生办公室。我习惯性给他递一支烟，他说不抽，你可抽。然后他给我倒一杯开水。其实我们已经算是熟人了，不需要客套，直接进入主题。巢峰很健谈，他说，讲《辞海》的历史，必须提到一个人、一本书。一本书就是《辞源》，是清末开始编写的一本大型工具书，1915 年出版，专供阅读古籍、解决关于语词典故和有关古代文物典章制度等知识性的疑难问题，是读书人案头的必备之物，风行全国。可是，《辞源》也有它的不足，就是内容单一，无法满足读书人更多的知识需求。这时候，中华书局的创始人陆费逵先生就动了念头，想编一本综合类的辞典，来填补市场空白。因为涉及百科知识，所以起名《辞海》。陆费逵先生是很了不起的人，1912 年元月，他创办了中华书局，主要出版教科书和杂志，而且很快让这个私营企业成为全国最红火的出版商之一。《辞海》编纂工作启动后，工作上断断续续，进展缓慢。这时候，陆费逵就找到了他的朋友——湖南人舒新城，希望他来负责这项工作。舒新城是编写教科书的，业务精，能力强，从 1928 年接手《辞海》编纂工作之后，经过近十年的努力，1936 年，《辞海》出版了第一个版本。

听巢峰先生讲述之后，我对《辞海》的历史有了一个初步的了解。后来，因为采访中出现的一些问题，中华人民共和国成立后编纂《辞海》过程中没弄清楚的环节，我一般都是去问巢峰。他跟编纂《辞海》的专家们都很熟悉，很多情况他都清楚，凡问必答。有时，巢峰先生会把他自己编写的辞典拿出来给我看，然后谈他的编辑理念，他的经营思路。看得出来，他是一个爱憎分明的，有胆识，有魅力的人，也是一个敢担当的人。

2018 年冬天，我随陕西作家代表团到上海采风，约秦老师见面叙旧，问及巢峰先生的身体情况，秦老师说："巢老身体一直很好的，近几年好像不如从前了。毕竟八十多岁了。"我问能不能拜见一下老先生，秦老师说："眼下可能不太方便。"

巢峰先生这个人，无论我们见与不见，无论他活着还是离世，对我来讲，他都将存在于我的心里，一个硬汉子，一个为中国出版事业鞠躬尽瘁的高人和能人。

巢峰：
被《辞海》改变命运的编辑家

任志茜

早在2011年3月4日，《中国出版传媒商报》曾推出“封面人物”栏目，聚焦对出版业有影响、有作为、有思想、有业绩、有故事的产业人物。商报报道的首位封面人物就是巢峰。故重发该文章纪念巢峰同志。

巢峰，1928年生，江苏阜宁人。现任辞海编辑委员会常务副主任（常务副主编）、中国辞书学会名誉会长、中国编辑学会顾问、上海市编辑学会名誉会长、上海市经济学会名誉会长。

参与或具体主持《辞海》1979年版、1989年版、1999年版、2009年版的编纂和出版。主持《辞海》繁体字版的编纂。上海辞书出版社 1978 年至 2000 年长达 22 年的长远选题计划的制订者。

主编《毛泽东思想大辞典》《邓小平思想理论大辞典》《学生辞海》《儿童辞海》等。在主持中国辞书学会期间，组织创办中国辞书奖（后改为国家辞书奖），发起批判辞书界的不正之风。有经济学论文四十余篇，出版学、辞书学、编辑学论文百余篇，集成《政治经济学论稿》《出版论稿》。“中国韬奋出版奖”“全国百佳出版工作者”荣誉称号获得者，入选“新中国 60 年百名优秀出版人物”，国务院授予“有突出贡献的专家”称号，享受国务院特殊津贴。中国辞书学会授予辞书事业终身成就奖。

最近公示的第二届“中国出版政府奖优秀出版人物奖”的名单中，巢峰的名字赫然在目。其实早在 2009 年底，“新中国 60 年百名优秀出版人物”评选落幕，83 岁的巢峰众望所归地获得了这一荣誉。颁奖典礼上的红地毯、聚光灯下的荣耀，抑或出版业界发自内心的赞美，却从来不在这位老人的视野之内。把事业做辉煌、把人生做平淡，巢峰真正做到了这一点。

五十多年的出版生涯中，巢峰获得奖励无数，业绩斐然。但在记者的采访中，他对这些奖励只字不提，对曾任的官位也不曾提及，谈的，只是《辞海》的编纂，聊的，只是有关出版的理论与实践。虚名，对这位出版人来说，只是过眼浮云。在工作之外，最大的爱好便是与同好手谈，在黑白世界，调兵遣将，攻坚对弈。

那么，一位耄耋老者，何以被出版界众人念念不忘？

他有把生命炼进剑里的人格魅力

巢峰14岁入伍，从一个新四军的小战士到一个地方干部，那种一往无前、克难攻坚的气概，在他身上淋漓尽致地得到了体现。

昔有干将莫邪，把生命炼进剑里，从而冶成绝世名剑。巢峰也是如此，他参与或具体主持编纂了一版又一版《辞海》；而《辞海》也影响和改变了他的人生。

巢峰是辞书界和出版界的名人，记者采访他之前，就听说这位"辞海人"依然以《辞海》常务副主编的身份，天天上班。不知情的人很难理解为何耄耋之年依然公务缠身，却乐在其中；采访完巢峰，记者才真正理解，巢峰是真正把辞书出版当作一生的事业来做的出版人、辞海人。

巢峰的同事告诉记者，巢峰直到2010年11月才办了离休手续。1998年，国家人事部批准巢峰暂缓离休，继续从事出版工作。忙完《辞海》1999年版的编纂，又是《辞海》2009年版的工作，他将自己的离休时间一拖再拖。如今离休了，却依旧坚守岗位。同事评价说，如果说上海辞书出版社的运转是一部机器，那么巢峰就是这部机器运转的"轴"——他是主心骨。不仅如此，他更是拿出自己的离休金和稿费共计50万元，表彰那些为《辞海》作出贡献的编辑们。而他，不博美名，用了《辞海》主编夏征农的名义，这笔钱，将成为夏征农辞海奖励基金。

上海世纪出版集团总裁陈昕每念及巢峰，都十分敬重。巢峰是他走上出版工作的引路人，无论是品德与文章，还是思想与作风，都让他敬重。而当年的“八条三十九款”一事更让他敬佩。

这要追溯到1978年10月。为了这部中国最具权威的综合性辞典——《辞海》，巢峰从参与编纂之初，就充分展示了作为出版家和辞书编纂家的才干。

斯时，国家出版局传达中宣部指示，1979年国庆前要出版新版《辞海》，向中华人民共和国成立三十周年献礼。这时距离出书不到一年。拨乱反正刚刚开始，中华人民共和国成立后的若干历史问题未有定论，许多问题仍莫衷一是。时任主编夏征农派主持常务工作的副主编罗竹风前往北京请示，罗竹风在北京盘桓多日，因思想路线尚未拨乱反正，许多问题均无结论，只得无功而返。客观形势逼着编辑部独立思考，拿出方案，自己解决。

当年的“文化大革命”阴影让多少文人忌惮，收敛者多，狂狷者少。但当时已是上海辞书出版社副总编辑、在“文化大革命”中挨批挨斗靠边站竟达十年多的巢峰，冒着极大风险，执笔起草了《〈辞海〉（合订本）处理稿件的几点具体意见》。

1979年初的一个晚上，巢峰跟罗竹风到夏征农家，对这一意见逐条研究，由夏老拍板定稿。这一意见共有八条三十九款，对阶级斗争、“文化大革命”等一些重要问题，提出具体处理意见。在巢峰提议并起草这一“意见”时，不少好友好心规劝，勿为天下先，不要好了疮疤忘了痛！当巢峰把这一劝告告诉罗竹风时，罗老诙谐地说：“砍头不过碗大的疤，大不了再被打倒！”

多年后巢峰撰文纪念两位主编，将此事一一道来，赞叹两人置个人得失于不顾，可谓铮铮铁骨。但他又何尝不是呢？

按这一《意见》处理稿件，《辞海》1979年版编纂中的疑难杂症，基本上迎刃而解。尊重历史、尊重事实，是这次编纂的重要原则。诸如关于彭德怀、田汉、陈独秀诸多违背历史事实的提法，都一一得到了纠正。

经过200多天的奋战，一部1300万字、三卷本的《辞海》如期出版。它改变了“大国家小词典”的国家形象，在问世后，一时洛阳纸贵，受到读者极大的欢迎，行销居然有300万套之多。

时代需要“辞海精神”

巢峰组织、主持《辞海》编纂、修订工作，树立严谨细致的工作作风，提炼成以“严谨的作风、严肃的态度、严格的纪律、严密的制度”为核心的“辞海精神”。现时浮躁的出版界，真的需要以这种精神自省。

皇皇巨著《辞海》，是一个世纪、几代学人与出版人千锤百炼的结晶。《辞海》在50多年间修订了5次，从1979年版开始，每隔10年修订一次。一版又一版的《辞海》，已经成为历史和时代的大事记、档案馆和里程碑。如今，《辞海》除纸书版外，又有了电子悦读器，其编辑工作也体现了时代特色，比如从手工修订、编排、发稿到数字化操作。

巢峰希冀《辞海》能一代一代传承，他曾向上海辞书出版社领导提出："能否像我这样，搞个三四十年？"听到社长彭卫国和总编辑潘涛的肯定答复后，他笑了。

事实上，《辞海》之所以长销不衰，与其开创了我国大型辞书十年修订之先河是分不开的。辞典与时俱进才有生命力。回顾起来，巢峰曾评价历经《辞海》四版修订的夏征农为"心如老骥常千里"，其实他又何尝不是。

巢峰始终强调"质量是出版社的生命"。他把上海辞书出版社在长期编纂《辞海》过程中形成的优良作风，提炼成"一丝不苟、字斟句酌、作风严谨"的"辞海精神"，并以此推动上海辞书社的社风建设。

巢峰曾在回顾上海辞书出版社三十年历史时说过："我们的编辑出版队伍以作风严谨为荣。每个引文，每个数据，都要逐一核对，每个标点，每个符号，都要认真推敲。字斟句酌，一丝不苟，是我们信守的格言，而马虎草率，粗制滥造，不负责任的行为，则是我们最为鄙视和唾弃的作风。"

巢峰一生除了编纂修订《辞海》外，上海辞书出版社的去向，中国辞书事业、出版事业的去向一直是他深思的问题。如今，他早在 1978 年制订的 22 年共计 468 种的长远选题规划，已经逾九成实现，其中有 9 项获得“国家图书奖”，8 项获得“国家辞书奖”。这体现了一个出版编辑家高瞻远瞩的气魄和胸怀。在主持工作期间，他更是顺应改革的要求，领导了上海辞书出版社的体制改革。在此期间，该社年总产值和销售总码洋各增长了 16 倍，利润增长了 20 倍，人均利润增长了 21 倍。

巢峰在编纂辞书之外，与抄袭剽窃、胡编乱造的伪劣辞书作过不懈斗争，在全国发起打假批劣的活动。这是他在中国辞书学会任代会长期间的大刀阔斧之举。正是在他的呼吁和出版主管部门的支持下，“国家辞书奖”得以成为中国辞书、工具书的最高奖。

在出版经济学领域开疆拓土

巢峰既是颇有成就的出版工作者，又是一位出版和辞书理论的专家。他首倡“出版经济学”研究，提出了图书效益论等理论，开创中国出版理论研究之先河。出版事业如登山，前辈们登上的顶峰，正是后者的起点。

巢峰曾多次婉拒旁人给他作传的提议，每一提及，他都淡淡一笑，自谦地说，我没做什么。但他对自己结集出版的《政治经济学论稿》和《出版论稿》，却颇为看重。如陈昕所言，读他的文章，更激起后来人的“接力”意识。学者和学术性的传统，似乎是深厚博大的中国出版文化给予中国的出版文人基因式的遗传。虽然巢峰少年参加革命，没有受过正规的学院教育，但他通过自学，逐渐拥有厚实的经济学涵养进而投身出版事业。作为一名学府之外的出版家，更长期担任上海市经济学会会长。

巢峰是中国出版改革最早的探索者和实践者。他早年致力于政治经济学研究，后将其贯穿于出版领域，率先从事中国特色社会主义出版理论的研究。巢峰在他的著作中，收录了他多年的思考所得。从20世纪80年代发表的《出版物的特殊性——出版经济学绪论》《图书是一种完全的商品》《出版物的价值构成》，到2000年后探讨的《出版改革大趋势》《中国图书出版业的滞胀现象》等百余篇文章，有的文章写得很辛苦，但能引发业界思考，他倒也乐在其中。

巢峰提出的出版理论为中国出版学的建设作出了积极贡献，他率先提出出版经济学的概念，还确定了中国出版经济学的基本框架、核心命题、主要范畴，如图书的商品属性命题，二元价值的背离与统一，出版行业的组织行为特征，图书市场竞争的基本态势和规律。他还以辩证唯物主义为指导，提出出版经营的科学方法论、图书效益论、市场竞争论。

理论和实践的砥砺让巢峰在出版研究领域获得学界认可，他同时将上海辞书出版社当作一个重要的学术研究阵地。上海辞书出版社创刊了全国唯一一本定期出版的辞书学研究刊物——《辞书研究》，推动辞书学的理论研究。

巢峰早年的理念现今也在被市场不断证实，诸如，他当年提出“图书是商品”引起轩然大波，现如今几乎没有人否认图书是商品，但有人却忘记了一个前提——图书的精神属性和社会效益。他对时下的出版颇有看法，他说，图书是商品，但前提是要把社会效益放在首位，只有在这一前提下，实现社会效益与经济效益结合的经济体制，才能改变急功近利、急于求成的生产方式。

2011 年 3 月 4 日

追忆巢峰先生

杨益萍

2023 年 1 月 8 日上午 9:08，巢峰先生在上海华东医院逝世，享年 95 岁。噩耗传来，令人深感悲痛。

巢峰先生是著名出版家、辞书学家，中国辞书学会名誉会长，老一辈文化工作者。他把毕生精力贡献给中华优秀传统文化的传承事业，贡献给《辞海》编纂出版工作。他亲自倡导并身体力行的"一丝不苟、字斟句酌、作风严谨"的"辞海精神"，成为出版业的职业规范。他是出版人公认的德高望重的楷模。

巢峰先生也是上海炎黄文化研究会首批会员之一。1994 年 4 月，老领导陈沂同志等发起创办上海炎黄文化研究会，巢峰先生作为社科界声名卓著的专家，被邀请入会。他积极参与学术研究和文化普及工作，为弘扬中华优秀传统文化作贡献。他的参与，被研究会同仁视作荣耀和骄傲。

回忆和巢峰先生的相识、相交，一个正直豪爽、博学多思的出版家形象，顷刻间浮现在我眼前。巢峰先生是我仰慕已久的长者。1996年底，我奉调上海市新闻出版局任副局长，分管印刷工作，方有机会与他相识。此时的巢峰先生，年近古稀，依然担负着主持十年一版的《辞海》编纂的重任。他热情待人，对新入行者没有架子又充分尊重，腾出时间与我倾心长谈；他急公好义，为困境中的印刷业出谋划策，给予无私支持。所有这些，都给我留下了难忘的印象。

上海的书刊印刷业自20世纪80年代中期起，步履艰难，连年滑坡，形成了全行业亏损。企业陷入困境，多次发生上访、停工事件，成为不稳定因素集中的地方。当时，出版局提出“重振上海书刊印刷业雄风”的口号。巢峰先生挺身而出，给予呼应。他在商务印书馆百年诞辰纪念会上发言，阐述编印发一体化的历史经验；他在印刷工作专题座谈会上发言，痛陈错失发展机遇的历史教训。尤其令人难忘的是，1997年5月12日，出版局假座地铁指挥部会场召开大会，提出“双向承诺”，要求印刷企业作出质量承诺，同时要求出版社增发给上海书刊印刷厂的业务量。当时，参会人员对此认识不一，议论纷纷。在这种情况下，巢峰先生上台发言。他以一个老出版工作者的身份，大声疾呼“社厂携手，打好印刷业翻身仗”。他满怀深情地说：“出版社与印刷厂是唇齿相依的关系。印刷厂垮了，对出版社来说，就是唇亡齿寒。我们要亲如兄弟般地携起手来。”他的话，快人快语，发自肺腑，深深地感动了每一位同志，推动了出版社业务的回流，推动了社厂之间的合作。那铿锵有力的声音，至今仍回响在我耳边。

在当时的工作中，最牵动人心的是下岗职工再就业问题。短时间内，印刷厂下岗3700多人，压力很大。我们依靠行业的力量，设立了一系列再就业实体和岗位，其中，也包含了巢峰先生的心血。在一次座谈会上，巢峰先生经过深思熟虑，提议创办校对公司，认为这一举措，既有利于稳定出版物编校质量，又有利于开辟再就业渠道，得到大家赞同。校对公司成立后，他在繁忙的工作中抽出时间，亲临关心指导，鼓励职工勇于创业，以质量求生存求发展，使职工深受鼓舞。巢峰先生在古稀之年，关心困境中的下岗职工，充分展现了急难好义、乐善好施的品德。

我在出版系统工作期间，巢峰先生对我这个晚辈给予了真诚的关心。每年春节前夕，我都能收到他寄来的贺卡，上面写有充满热情的鼓励。我至今仍保存着两张贺卡。其中，他在2006年1月5日的贺卡上写道：“年前寄来的贺卡看到，谢谢！称我为老师，愧不敢当。韩愈说：‘无贵无贱，无长无少，道之所存，师之所存也！’如是，你也是我的老师。然否？新春将至，敬祝万事如意，节日快乐！”2013年1月29日的贺卡写道：“贺卡收到，谢谢！一年复一年，年年过新年，光阴催人老，老骥志千里！送好友。”贺卡上的文字，力透纸背；文字传递的热情，温润人心。

巢峰先生极具个性。他善饮，在出版界有酒仙之称。他喝酒，一如他做事的风格，豪爽，顶真，不服输，尤其是在酒逢知己之际。我曾听香港联合出版集团副总裁黄毅先生讲他们喝酒的轶事。一次，巢峰访港，黄毅请他喝酒，喝的是巢峰不常喝的白兰地。开始时，两人谈笑风生，两瓶过后，依然没有醉意。没想到黄毅又从桌下拿出一瓶。当第三瓶喝完时，巢峰终于支持不住，慢慢倒了下去。岂料倒下之际，他吐出这样一句："黄……黄毅倒了没有？"第二天，他还不忘告诉黄毅："昨天喝的是白兰地，不能算数。下次请你到上海喝五粮液！"我也曾有几次机会和巢峰先生一起喝酒。先生爱开玩笑，往往是酒桌上话语最多的人。但随着年事增高，他的酒量也渐渐下降。记得和他最后一次喝酒，是 2010 年春天，我们一起去青浦，看望共同的好友、商务印书馆总经理杨德炎先生。午餐时，五六个人，喝了一瓶陈年竹叶青。当时，巢峰先生年已 82岁。

巢峰先生远行了！这使我们失去了一位好老师。逝者已逝，但是，历史会记得逝者的贡献。巢峰先生依然栩栩如生地活在我们心中，我们一定不会忘记他。

2023 年 3 月 13 日

巢峰和他的辞书事业 *

彭卫国

中国的辞书事业源远流长，即便从成书于两汉时期的《尔雅》《说文解字》算起，也有两千多年的历史。由于政治、经济、文化、技术等方面的原因，辞书事业的真正繁荣昌盛却在20世纪。20世纪前期的三四十年和后期的近三十年，无论是辞书的编纂出版还是辞书理论的研究，都远超此前，成就辉煌。前三四十年，辞书出版的门类、品种都几近之前历代之总和，产生了《辞源》《辞海》《中华大字典》《中华百科辞典》等精品力作，更造就了舒新城、王云五、朱凤起、丁福保等一批辞书编纂出版家。后三十年，正值改革开放，国泰民安，辞书事业革故鼎新，继往开来，呈现了空前繁荣

* 本文发表于《辞书研究》2023年第4期，收入本文集时略作修改。

的局面，出版了《辞源》《辞海》的修订版，《中国大百科全书》《汉语大词典》《汉语大字典》《英汉大词典》《经济大辞典》《哲学大辞典》等一批重量级辞书相继问世。可以说，这一时期，构建了中国现代辞书事业的基本格局。辞书理论研究在这一时期也呈现了百家争鸣、流派纷呈、名家辈出的局面，形成了中国辞书学理论的基本体系。

巢峰同志是当代成就卓著的出版家，他的出版生涯最精彩的篇章就在 20 世纪后期近三十年。1978 年他出任上海辞书出版社副总编辑后，历任社长兼总编辑、党委书记，在近三十年的时间里，他主政上海辞书出版社，先后参与主持了《辞海》第三版到第五版的编纂出版工作，策划或主持出版了《经济大辞典》《哲学大辞典》《法学大辞典》《中国历史大辞典》《中国文学大辞典》《宗教大辞典》等大型专科辞书；主编了《毛泽东思想大辞典》《邓小平思想理论大辞典》《学生辞海》《儿童辞海》《小辞海》等大中型辞书。他主持制订了上海辞书出版社 22 年长远选题计划，规划了 400 余种大中小型辞书的出版蓝图。在他的领导下，上海辞书出版社曾出现“月出一典”的盛况，发展成为中国最具影响力的工具书专业出版社之一。离开领导岗位之后，他仍以《辞海》常务副主编的身份，主持了《辞海》第六版、第七版的编纂出版工作。

巢峰同志不仅是辞书编纂出版工作的指挥者、领导者，也是新时期中国辞书事业的推动者、引领者。在他主持中国辞书学会期间，创立了中国辞书奖，20 世纪 80 年代参与制订了国家辞书出版规划。他高瞻远瞩，提出了开创辞书出版新局面的目标和措施；他目光敏锐，提出了净化辞书市场、提高辞书质量的若干建议和主张；他深谋远虑，提出了专业人才是立社之本的思想；他倡议并推动成立辞海编纂处；为了《辞海》编纂修订的可持续，也为了纪念夏征农同志对《辞海》作出的贡献，他提议建立“夏征农辞海奖励基金”，并把自己节约下来的数十万元捐献出来……

巢峰同志又是一位思想者。他以其深厚的理论素养，不断总结辞书事业的实践经验并使之升华为理论，又以这些理论指导辞书编纂出版的实践。他的辞书理论既有宏观的高屋建瓴，又有微观的析理释疑。他对辞书工作者应有的精神面貌和思想作风，从忘我的奉献精神、正确的指导思想、严谨的工作作风和科学的工作态度这四个方面做了深入的阐述。他把辞书的特性概括为“知识性、科学性、稳定性、简明性、思想性”。他以巨大的勇气制定了“八条三十九款”（即《〈辞海〉[合订本] 处理稿件的几点具体意见》），解决了 1979 年版（第三版）《辞海》编纂出版工作中最大的难题。他以严谨的态度提出了“专科词典释义十法”，给众说纷纭的专科词典释义一个答案。他提出了“编纂辞书，是严肃的科学研究”的观点，又提出了“专业与业务相结合，理论与实践相结合”的辞书学研究的治学方法。有专家认为，中国辞书学理论成型于 20 世纪 90 年代，并形成了“实践派”“理论派”和“传统派”，“实践派”的大本营在上海辞书出版社。巢峰同志当之无愧是中国辞书学“实践派”的奠基人之一。

2011 年上海辞书出版社出版了《巢峰辞书学论稿》。《论稿》是巢峰同志自 20 世纪 70 年代末以来关于辞书编纂出版、理论研究的论文结集。这部文集的令人印象深刻之处，引用新闻出版署原副署长刘杲同志在 1996 年为巢峰同志的《出版论稿》作序时的评价：“第一，理论性。本书对一些重要问题，有些是有争论或者有歧义的问题，进行了比较深入的理论研究，而且有独到之处。”“第二，实践性。本书的理论研究都从实践经验出发，言之有物、言之有据。同时又有的放矢，处处着眼于指导和推动实践。”“第三，前瞻性。本书对一些重要问题发表意见，在时间上是比较早的。它表明了作者对实际生活的敏锐感受和深刻思考。”“第四，论战性。生活本来就充满矛盾，更何况我们的社会正处于历史性的转型时期。我们非常需要对消极现象的严肃批评。强大的舆论力量是社会进步的重要杠杆。”刘杲同志的话，说得切中肯綮，不仅是对《出版论稿》的不刊之论，而且完全适用于本书，因为两书本是同条共贯、颇有交叉之作。2008 年 8 月，我到上海辞书出版社工作，三年多来有机会拜巢峰同志为师，学习辞书编纂出版工作和辞书学理论。这篇短文姑且算交给老师的一份作业。

如切如磋，如琢如磨
——在巢峰指导下编修《辞海》(第六版)的点点滴滴

潘 涛

22年前，2001年4月6日，上海市出版工作者协会在上海图书馆举行了上海的老出版家、上海辞书出版社原社长兼总编辑、上海市编辑学会会长巢峰的出版思想研讨会，上海市新闻出版局及各出版社负责人和有关部门的同志近200人参加了研讨。当时，我在上海科技教育出版社当编辑，事后听说了这次研讨会，对巢峰景仰不已。

没有想到，2008年8月4日，彭卫国和我同时调到上海辞书出版社，分任社长、总编辑，从此开始在传奇出版家巢峰（我们平常都称巢老师）指导下编纂、修订（简称“编修”）《辞海》的经历。人生有此缘分，何其难得。

2016年12月23日，88岁的巢老师将他新出版的《品德三字经》《品德千字文》题赠、快递给远在北京的我。此前，巢老师将其著作《辞书记失》《巢峰辞书学论稿》和主编的《小辞海》都赠我学习。睹物思人，我非常感动。巢老师那爽朗的笑声，久久回响在耳旁。

在上海辞书出版社的四年半，围绕《辞海》(第六版)的编修事宜，我经常上巢老师在二楼的办公室，问安、请教、商量、讨论。我对《辞海》编修是门外汉，只能是边学边干、边干边学。巢老师说《辞海》编修是门大学问，只要努力，肯下功夫，是可以学得很快，尽快入门、上手的。

按照惯例，2009年10月，中华人民共和国成立60周年前夕，新版《辞海》必须完成印刷，向国庆节献礼。仅仅剩下一年时间，《辞海》编修如何守正创新、与时俱进，不是宏大空洞的理论探讨，而是实实在在的硬功夫。总算没有辜负巢老师的信任、关心和支持，彭卫国、我和《辞海》编辑团队在陈昕总裁领导下做了一些力所能及的具体工作。

巢老师经常讲，像《辞海》这样大型辞书的编纂、修订，“三分编写，七分组织”。我翻箱倒柜，找到一份巢老师留给我的手写稿“编纂2009年版《辞海》的后续工作——2009年2月18日本社《辞海》工作例会”，一下子打开了尘封已久的记忆。这实际上是一份倒排工期的“施工单”，具体罗列了十个方面的工作：

一、处理三校样 1. 通读，4 月底完成。①确定审稿人；②召开审读会议；③研究通读方法；④确定通读报酬；⑤确定编辑处理组的职责；⑥确定总处理组的职责。2. 确定专项检查项目。

二、处理四校样，6 月上旬完成。

三、处理对红样，7 月上旬完成。

四、整理和审定附录，3 月上半月发稿。

五、修改前言并发稿，3 月完成。

六、索引设计和修订发稿，3 月完成。

七、装帧设计①版本设计；②开本设计；③封面设计；④纸张设计；⑤ 3 月完成。

八、署名①沿用 99 版办法；②用《大辞海》条目如何署名？③主编如何署名；④各学科于 3 月提出署名意见（或开一个小型会议，听取意见）；⑤ 4 月定稿。

九、印刷①确定印刷厂；②确定首批版本；③确定印数。

十、主编扩大会。

巢老师不愧是总揽全局的舵手，指导我们这些“新手”有条不紊地开展工作。根据我保存的底稿，2009 年 4 月 2 日，巢老师命我草拟、修改的“前言”已经改至第五稿，接近定稿。

《辞海》涉及的学科、领域、专业众多，千头万绪，即便是百科全书式的学者，也不可能通晓所有的学科、熟悉所有的领域、掌握所有的专业，《辞海》释文通读则是每一次修订的必经程序。通读者，不仅需要具备某些领域的专业知识，而且要求具有相当的语言文字功底，还要熟悉《辞海》的编写体例、释文风格、学科规范。通读的时间紧、任务重、要求高，巢老师给我出题：如何调动、组织上海出版界的审读力量，在规定的时段内保质保量完成三校样通读任务？

既然不可能如1961年在浦江饭店那样集中全国144名专家“会战”，跟彭卫国商量好，我于2009年2月搬动巢老师“大驾”，陪同他老人家专程去我的“老东家”上海科技教育出版社，拜访翁经义老总，说明事由，寻求“外援”。上海科技教育出版社马上同意助力《辞海》通读，尽快把本社的29名社外审读人员的联系方式提供给《辞海》办公室。后来，在上海辞书出版社的二楼大会议室专门开了一次通读会议，通读人员（加上社内人员，共72人）分为科技、文史哲、语词三组，明确通读要求（比如每一页校样都必须由三组人员轮番通读）、注意事项（九类90条）和时间节点，等等。这次通读，发现并解决了一些问题，没有影响“工期”，基本取得了预期效果。

巢老师经常跟我们讲，“辞海精神”，除了“一丝不苟、字斟句酌”，还要如切如磋、如琢如磨。在编修《辞海》（第六版）过程中，我跟巢老师商量，在词条的甄选方面，是不是可以适当弥补出版学科建设架构方面的“短板”（如出版学、辞书学等）。巢老师欣然同意。2009 年 4 月 22 日，我请辞海办公室秦振庭同志专门调取“词典”方面的条目，报巢老师审示。巢老师 4 月 29 日批示：“阅。其中似有未了事宜，请潘涛同志处理。巢。”于是，【辞海】【大辞海】作为专条，顺理成章写入了《辞海》。商请商务印书馆审订、重写【辞源】【新华字典】【现代汉语词典】，商请中国大百科全书出版社草拟【中国大百科全书】。还陆续衍生出一系列相关词条【出版学】【编辑学】【辞书学】【词典学】【辞书编纂法】【语料库】，以及【汉语大字典】【汉语大词典】【英汉大词典】。

巢老师经常讲，金无足赤，人无完人，书无完书。在此仅举一例。2008 年 5 月 12 日，汶川地震发生。抗震救灾基本结束后，《辞海》分支学科作者拟写了【汶川地震】词条内容。我注意到，胡锦涛《在全国抗震救灾总结表彰大会上的讲话》（2008 年 10 月 8 日），提法不是“汶川地震”“汶川大地震”，而是“汶川特大地震”。讲话中，给出了具体的人员伤亡数字。我把讲话全文送给巢老师看。巢老师果断决定，重新拟写【汶川特大地震】词条（见《辞海》〔第六版彩图本〕第 2389 页）。

在通读、翻阅《辞海》（第六版）清样的过程中，我注意到附录之一的《中国地震烈度表》，仍然沿用旧版。我心里咯噔一下，汶川特大地震之后，有关部门会不会制定出台新的《中国地震烈度表》? 上网一查，果不其然，2008 年发布、2009 年施行了新版《中国地震烈度表（GB/T 17742—2008）》。跟巢老师汇报之后，巢老师告知辞海办公室，用新版的国家标准替换旧版。

《辞海》(第一版）主编舒新城、《辞海》常务副主编罗竹风、《辞海》常务副主编巢峰，都入选了“新中国 60 年百名优秀出版人物”。舒新城、罗竹风之外，陈望道（接替舒新城为第二版主编)、夏征农（接替陈望道为第三、四、五、六版主编）皆已列入《辞海》(第六版）的词条。故此，建议把巢峰写入《辞海》，使巢峰的业绩永载史册、泽被后人。

七绝·缅怀老巢

邓 明

95 岁的前辈出版家巢峰同志 2023 年 1 月 8 日上午在上海华东医院逝世，他的远去，也是上海出版史一个时代的远去，让人唏嘘。巢峰同志德高望重，1991 年我在上海人民美术出版社社长任上曾请他为本社的编辑骨干授课，退休后创作的近现代中国出版大家造像系列也画了他的国画小像。此画后被作为作者肖像发表在他 2013 年出版的专著《辞书记失——一百四十三个是与非》卷首，蒙他抬爱，还让责编邀我写了题签。他亲笔题词的赠书则是我最为珍爱的藏书之一。缅怀老巢！

唐诗鉴赏人咸赏，辞海五修情独钟。
板凳有心甘坐冷，书山着意更添峰。

二〇二三年一月八日于海上枕石楼

巢峰的签赠本

雷群明

惊悉巢峰同志不幸仙逝，深感悲痛。本想专门撰文悼念，一时内心难以平静，无法成文，特把我前年在《一个人的博物馆》① 中所写的《巢峰的签赠本》发上，聊表悼念之意。

巢峰在上海出版界，绝对是一个特殊的存在。我觉得他是一位介于“老干部”和普通老百姓之间的一位“特殊老干部”：他资格老，是“红小鬼”出身，很有本事，很早就是处级干部，但不知为什么一直升不到局级；“文化大革命”中，挨过批斗，但是“解放”、结合也比较早；出版界但凡有的大奖，如“中国韬奋出版

① 《一个人的博物馆》是作者发表在微信朋友圈里相关文章的结集，共 101 篇，是就其保存的有纪念意义的物件而写成的散文，本文是第 79 篇。

奖”“新中国 60 年百名优秀出版人物”等，几乎都少不了他，他还有一项别人没有过的荣誉：上海市出版工作者协会为他专门召开了“巢峰同志出版思想研讨会”。他说，只有领导人才有思想，想不到自己也会有思想让人来“研究”。正因为如此，我们遇到什么“转折关头”，常常想听听他的意见，以便及时“调整”自己的思想。

2017 年，我在内部编印了书信集《师友飞鸿》第二辑，因为其中收了他的信，我通过上海辞书出版社“交换”了一套给他。但是，他说一直没有收到。于是我在 2 月 20 日下午，与上官消波约好去看望他，专门再送去一套，另外加上新出的《亲历学林社 20 年》。他随手翻翻我的书，说我“对什么东西都有记录，不简单”，并说他以前也记了 25 本日记，“文化大革命”时被抄去，后来日记没有还他，他也从此不记日记了。他虽年近九十，讲话有点老态，但头脑仍很清楚。说自己现在每周星期一来社，并没有什么事，只是清理自己的办公室，“做结束工作”。谈到学林社等 5 个小社“并入”上海人民社的事，他不以为然，认为各社有各社的历史和特点，并了，这些就没有了；要并，应该把出版局与集团并起来。他以前出的《出版论稿》初版本和修订本，都签名送了我，临走，我问他要新出的《辞书记失》。他说自己也没有了，打电话给下面的发行部，要了 2 本，签名送我和上官。我特地提出，用手机与他合影。上官带了相机，也拍了几张。

我们虽不在一个单位，却有几十年“共事”的缘分。1978 年

7 月底，我从“五七”干校轮训回来的第一天，我爱人王龙娣告诉我，出版局大批判组的组长夏禹龙要找我，一定要我在星期六去一次局里，如不行的话，他们就到家里来找我。第二天我去局里，夏不在，欧阳文彬受夏委托与我谈话。她谈到，局里要以大批判组为基础，成立一个研究室，有五大任务（包括写文章、调查、参加学术动态活动等），并说报告已送宣传部，得到洪泽首肯，将调巢峰来任处长，人员为理论组 9 人、资料组若干人，希望我能去。本来我是希望去上海古籍出版社干我的“本行”的，后来，在她的动员下，改变了主意，同意去理论研究室工作。但不知道为什么，后来巢峰并没有来，我失去了一次当他下属的好机会，但这也是预示我们交往的开始。

1985 年，上海市编辑学会成立，他是副会长，我是副秘书长；1997 年，编辑学会改选，他担任会长，我被任命为常务副会长兼秘书长，实际上是为他做事务工作。他有时候开玩笑说我是“秘书长专政”，直到 2002 年 12 月他因为年龄关系再次换届时去职，我在他的领导下“专政”了近 6 年。其间，我们因为工作上的关系，联系比较多。曾一起到北京、重庆、杭州等地去开会，这之后，因为编写新闻出版总署交下的编写教材的任务，我还在他的领导下，与他“合作”了两三年。

在编辑学会的工作中，给我印象很深的有两件事，一是 2001 年 5 月 12 日至 18 日，学会组成以巢峰为团长的代表团赴武汉向湖北省编辑学会学习，取得了极大的成功。他在那里，既认真向人家学习，又很好地介绍了我们自己，特别是17日下午，在武汉大学出版科学系作学术报告时，巢峰谈了编辑工作的3次大变革，我们其他几个人也各自谈了体会，赢得了热烈的反响。二是2002年他领导出版专业职业资格考试辅导教材的编写工作，既大度，又细致，表现了高度的领导艺术。那年3月，当教材编写进入关键时刻而大家由于分散进度不快，眼看完不成任务时，他果断地采取了全体编写人员集中到江苏昆山淀山湖学苑宾馆的措施，终于胜利地完成了任务。我们编写的教材由于质量高而受到新闻出版总署的表扬。

除了工作上的联系，我们还一起参加过许多小规模的集体活动，如1990年10月，在参加于深圳召开的第二届沪港年会之后的回程中，他与吴士余、杨泰俊、吴延祺、陈昕和我6人去了一趟广州。1992年12月，上海书展代表团去香港，团长是上海市新闻出版局党委书记冯士能，他是副团长，我得以作为团员随行。1994年11月，他组织批判王同亿的活动，也很客气地请我去参加。他对王的批判给人印象深刻。1997年11月，在厦门参加全国出版理论研讨会时，他宴请《中国图书商报》的老总程三国，让我作陪。2001年12月20日至24日，局里组织一批专家带家属去海南岛休养，我们与巢峰、郭志坤夫妇、江曾培夫妇等度过了愉快的几天。2004年3月30日，我与他一起去杭州参加了全国编辑教材的审稿会。2005 年 4 月 11 日，我们还一起参加了《编辑学刊》在天目山召开的编辑委员会，等等。

我们在一起的时间，常常谈到反对贪腐的问题，他几次提到自己的“三个百年”论。他说：中国的问题要解决，要三个百年：一百年治“乱”，到 1949 年解放，已经解决；一百年治“穷”，从 1949 年到 21 世纪中，正在解决；还有一百年治“脏”，那时，贪污腐败才会消失。我觉得他的理论很新颖，且看是否能经得起历史的检验。

巢峰对学林出版社的工作也给予了极大的支持。学林社成立之初，他领导的上海市经济学会组织了一套大书《上海经济区工业概貌》，一共有 20 多卷，每卷多的上百万字，少的也有几十万字。这套书属于合作出版，除了所有出版费用外，还付给我社参加编辑、校对和审读工作的同志劳务费和社里“管理费”若干。这对于当时我们这个新成立的小社，无异于是一种支持。

1987 年 1 月 20 日，我社在国际俱乐部召开迎新春茶话会，他在会上对学林社作了充分肯定，并且说，一个出版社赚钱再多，也是过眼云烟；而出版了好书，则会永载史册。（大意）我认为，这话值得我和每个出版人牢牢记取。1996 年 1 月 25 日，在华东师范大学参加我社与该校历史所举行的《金文大字典》出版庆祝会上，他盛赞该书的出版并再一次给予“学林”很高的评价。会后，还根据发言写了一篇评该书的文章《皇皇巨著　永载史册》。

巢峰对我个人也是关爱有加。他在学会的工作中特别放手，使我没有后顾之忧。2001 年 7 月 9 日，我曾给他并请转孙颙一封信，其中说：“我因为女儿要为我们办理加拿大移民之事，估计明年至少要离开一段时间。考虑到刊物的连续性，因此，特正式向你们提出：从明年开始，我不再担任《编辑学刊》的主编和编委，请学会另外物色适合同志接替（最好十月以后就开始交接，以利明年的出版）。学会工作如果需要我继续做，我想坚持到明年换届；倘若你们觉得要一并辞去，我也没意见。

“我对编辑出版工作是有感情的，原来想在退出历史舞台前再多少做一点贡献，谁知世事多有人想不到的意外，也是无可如何。今后，不论在哪里，只要有机会，我仍将尽自己的微薄之力。

“《学刊》接过来近 4 年，虽然自己尽了努力，但各方面做得并不理想，这是我十分遗憾的。希望接任的同志能够做得更出色。”

他理解我的处境，同意我交出学刊，但要我继续主持学会的常务工作。我离开学林社到韬奋纪念馆工作后，他仍然支持我的工作，2003 年在上海召开首次韬奋思想研讨会，他也来参加并作了重要的发言。我请他在发言的基础上写一篇文章，准备收入新创办的《邹韬奋研究》丛刊第一辑，他后来即交来一篇短稿，并附信说：“送上短文一篇，基本上是在过去文章中辑录改写的，未知是否符合要求。倘如可用，则请大力斧正；如不可用，亦不必勉强，我不会有意见的。”因为文章内容比较空乏，最后我没有采用，他也并没有不高兴，这使我很感谢。

2005 年 12 月 23 日，市委宣传部新闻出版处部分党员因为第三批保持共产党员先进性教育活动到韬奋纪念馆来参观，请了他和王维来指导，我顺便请他给馆里题了词。他的题词是："无私无畏无我，为新闻出版事业奋斗终身！"完全可以看作是他自己一生的写照。

2017 年 3 月，他夫人王斌同志病逝，不久他就住进了华东医院。2019 年 1 月 29 日，我和上官去看他，给他送去湖北蔡学俭同志嘱托的新作《九十初度》。他住在 2 号楼 16 楼的 11 床，一人一间，有两个阿姨看护他。我们进去时，他正在看电视，戴着一顶帽子，人比上次看到时瘦了些，也更显老了些。说话声音很低，口齿有些不清，但思路还比较清楚。看到老蔡的书和我转达的问候，翻了翻，托我回谢。之后，他还问我在写什么东西吗？不过，明显已经不能如以前那样顺畅交流了。看着一位曾经风风火火的重量级人物变得如此，不禁生出一种淡淡的哀愁，同时，衷心祝福他健康长寿！

2021 年 9 月 19 日

无法忘却的教诲

朱明钰

“养之三年不足，毁之一旦有余”，这是老巢的一句口头禅。说的是，出版社优良作风的养成需要很长时间，形成了好的作风如果放任不抓将会毁于一旦。我1983年大学毕业分配进上海辞书出版社，逢会必听老巢如是说。在辞书社前后工作了20余年，才逐步体会出老巢念叨的深刻含义。

进辞书社时，出版社刚好完成转制，开始实行事业单位企业管理，生存方式由吃“皇粮”转为自负盈亏。当时面临的问题是，1979年《辞海》(第三版)出版后，出版社下一步该如何发展。在老巢的主持下，社领导班子制订了一个20年(后扩大到22年)的辞书出版规划。即以《辞海》为根基，延伸出文史哲经等多系列的大中小型词典，上海辞书出版社将由单一修订《辞海》的编纂机构转变成为一个综合性的辞书出版和研究机构。正是在业务大拓展时，老巢却有一个深深的忧虑，即能否将编《辞海》的那股精气神延续到出版社的转型发展之中，延续到每一部辞书的编纂之中。这就是他年年讲、月月讲、天天讲那句口头禅的初衷。

究竟什么是《辞海》的精气神呢？从1958年启动《辞海》的第一次修订工作，到1965年完成《辞海》(第二版)编纂（作为内部出版物出版），再到1979年《辞海》(第三版)正式出版，经过了20多年的艰难历程方修成正果，《辞海》成为我国最具权威的大型综合性词典。其秘诀被归纳成两句话“一丝不苟，字斟句酌”，这就是日后被称为“辞海精神”的内核。这种精神能否继续传承下去呢？记得这一时期的员工被反复灌输着一个三段式：辞书是工具书，工具书是标杆和准绳，标杆和准绳发生差错就是误人子弟。当时就在编辑工作中明确规定，词条反映的所有观点都要有依据，所有依据都要标明出处，引用的语句不能有一个字的差错。记得我开始编辑工作的第一年，几乎用了一整年的时间在核对《哲学大辞典·中国哲学史卷》中引文的版本出处。那段时间整天泡在图书馆里，一个字一个字地核对。既然“辞海精神”已经贯彻落实在每个工作细节中，是否就可以高枕无忧了呢？答案是否定的。

1979年《辞海》(第三版)出版后，社里的目标是“月出一典”，即每月有1部词典出版，一年出版12部。那时“文化大革命”结束不久，社会上闹“书荒”。一部词典的印数少则一二十万，多则数百万。一年十来部书养活一个出版社绰绰有余。所以每部书都可以精雕细琢，以慢工出细活来保证质量。但随着市场竞争越来越激烈，出版社的生存需要靠一定的品种来支撑，而且为了赶销售时机，出书的时间越来越急。而出书的质量和速度有时是一对不可调和的矛盾。能否坚持“辞海精神”、保证出书质量面临着越来越大的挑战。对此老巢丝毫没有松口，特别是对一批大中型词典依然坚持《辞海》的工作流程和要求，并在出版系统较早实施了质量检查制度和公布质量检查结果等措施。在当时那样的压力下要做到这些是极其不容易的。

能否坚持专业发展方向是能否坚持“辞海精神”面临的又一项挑战。“辞海精神”诞生于辞书的编纂中，在注重内容质量的同时，还强调了一种专业精神，强调专业的人做专业的事。中华人民共和国成立后，国家对出版机构进行了多次合并重组，分别规定了各出版社的经营范围和专业方向。专业队伍建设和严格的管理制度是坚持出版导向、保证出书质量的基本守则，也是“辞海精神”的题中应有之义。但为了应对图书市场的激烈竞争，出版社一度放宽了选题范围，跨专业出书的现象比较普遍，造成了图书品种繁杂，质量下降。原先的编辑思想、专业能力，以及管理制度都受到严重冲击。已经不在领导岗位上的老巢，几次将我叫到他的办公室，指着桌子上一堆超出辞书专业范围的图书指责道，再这样下去，你们领导是要负责任的。老巢的意见引起了社领导班子的警觉，在社长的主持下，进行了几次选题大调整，砍掉了一大批跨专业、质量平庸的选题，将更多的编辑力量集中于辞书和一些精品力作上。同时，出版社更加注重队伍建设，每年定期开展编辑业务培训，请著名辞书学专家授课。在管理上增加质量检查环节，从而确保国家重点项目和《辞海》修订工作按时保质完成。

我 1999 年从上海市新闻出版局调回上海辞书出版社，接替到龄的老巢主持社党委工作。在交接和日后的工作中，得到了老巢的全面指导。当时出版社实行的是社长负责制下的“三驾马车”（党委、行政、职代会）管理机制。社党委及党务工作如何在其中找准位置发挥作用，这在当时是有争议的。老巢的个性十分务实，他非常厌恶那些空泛的、虚头虚脑的东西。他非常明确地说，要将“虚”事做实。党委的职责就是政治上的领导，出版社作为党的喉舌，把控好出版导向责任重大。因此党委主抓的工作没有一项是虚的。就拿政治学习来说，老巢不相信出版社的编辑不学习党的方针政策、不了解时事动态，还能够把好关、审好稿。他常津津乐道于 1979 年《辞海》（第三版）重点条目修订一事。认为，正是得益于平时的学习，领会了中共中央有关精神，才敢在十一届三中全会精神尚未传达之时，即对《辞海》文稿中有“左”的错误的内容进行修改，确保了《辞海》按时出版。事后证明修订完全正确。所以社党委一贯高度重视并认真安排好每周半天的政治学习，这一传统坚持了很久。

老巢十分重视职代会的工作，认为职代会的工作做得好坏是衡量党委工作成效的重要指标。对每年职代会提案他都会认真审议和落实。那些年里，企业转制、薪酬改革、分房等都要通过职代会与职工协商沟通，有时还会出现矛盾和冲突。按老巢的脾气，他一般不太关心细枝末节的事情。但有些老职工出于对老领导的信任，会找老巢详细甚至反复反映自己的情况。这时的老巢会非常耐心地倾听，即使已经离开领导岗位，也会如实向我们转达职工意见并提出建议。

20世纪60年代初，《辞海》修订全面启动时，恰逢“三年自然灾害”，社会上粮食、副食品极度缺乏，供应紧张。辞海编辑部的领导动足脑筋搞来大米、猪肉等物资，为在浦江饭店修订《辞海》的同志提供生活保障。当时有作者戏称，是修订《辞海》救了他们。老巢时常提及此事。他的意思是，作为领导不能光要求人家做什么，更要想想为人家做了什么。“辞海精神”不仅体现在字里行间，也要体现在队伍建设，贯穿于对员工和作者的关爱之中。在老巢的言传身教下，社党委将关心职工生活、提高福利待遇、解决他们“急难愁”的问题作为重要工作之一。在社党委的领导下，职代会也一直规范、健康地发挥着作用，极大地提高了企业的凝聚力。

“辞海精神”从一部书的精气神上升到一个行业的标志，先后得到三代党和国家领导人的肯定和赞扬，这离不开以巢峰为代表的几代辞书工作者的执着坚持和勇敢捍卫。其中包括老巢日复一日、年复一年地唠叨、督促和鞭策。后来我虽然调离了上海辞书出版社，但老巢的口头禅依旧时常在耳边响起，已成为我做事和做人的警世醒言而终身难忘。

首次全国出版专业职业资格考试中的巢峰老

陆嘉琦

2001年8月，人事部和新闻出版总署联合发布了《出版专业技术人员职业资格考试暂行规定》，正式宣布在我国建立出版专业技术人员职业资格制度。文件规定：实行多年的出版专业初级、中级技术职称评审工作宣告终止，取而代之的是受聘出版专业技术职称的人员必须具备相应级别的职业资格；初级、中级职业资格须经全国统一的考试取得。这是我国加强出版行业人才队伍建设和深化人事制度改革的重要举措。2002年9月，首次全国出版专业技术人员职业资格考试（简称“出版专业职业资格考试”）举行。

回顾首次考试，不由得十分感慨。正是在以刘杲老（曾任新闻出版署副署长，时任中国编辑学会会长）、巢峰老为代表的一批出版界前辈精英的共同努力下，我国的出版专业职业资格考试工作才迈出了十分重要的第一步。

巢峰老在主持辅导教材编写、确保考试题目质量上都作出了重大贡献。我曾经在巢峰老直接领导下参与首次全国出版专业职业资格考试工作的全过程。这位老出版家在工作过程中的全局观念、质量意识、科学精神和严谨作风，是我终生难忘的。

一、主持辅导教材编写

2001 年 12 月 6 日，新闻出版总署全国出版专业职业资格考试办公室在北京召开了关于考试辅导教材编写、出版事宜的会议。具体主管考试办公室工作的总署人教司教育处孙文科处长在会上详细介绍了出版专业技术人员职业资格制度的建立和编写教材、举行考试等工作的日程安排，并代表总署宣布，考试辅导教材《出版专业理论与实务·中级》由上海市新闻出版局和上海市编辑学会负责编写，由上海辞书出版社负责出版。

2001 年 12 月 10 日，上海市新闻出版局孙颙局长主持召开上海编写组会议，他在会议开始时就先宣布：编写组由巢峰同志担任组长全权负责，上海市编辑学会常务副会长雷群明同志（曾任学林出版社社长、总编辑）担任副组长，陆嘉琦同志作为责任编辑协助组长办理具体事务。编写组人员在会上经过协商，确定了分工，并决定一周后提交编写大纲。12月17日、18日，编写组人员和特邀的一批上海出版界专家分别对编写大纲进行讨论，提出了一些修改意见和建议。巢峰老认真听取大家的意见，对编写大纲初稿进行修改后予以定稿，并让我及时发电子邮件上报考试办公室。

12月30日，巢峰老委派我去北京参加第二天举行的会议，听取审定委员会专家们对编写大纲的审议意见。新闻出版总署桂晓风副署长和中国编辑学会刘杲会长都参加了会议，对教材编写提出了指导性意见。中国编辑学会杨陵康副会长（曾任高等教育出版社总编辑）作了中心发言，对编写大纲从宏观结构到具体内容都提出了很有建设性的意见。

回到上海后，我马上把北京会议对编写大纲的意见向巢峰老作了汇报。2002年元旦假期一结束，就在上海市新闻出版局会议室召开了编写组全体会议。会议由副组长雷群明先生主持。我传达北京会议意见后，巢峰老就如何贯彻落实审定委员会意见修改编写大纲以及撰写样稿的事宜作了具体安排，要求在一个月内完成。

2月5日，再次召开编写组会议。在巢峰老主持下，会议对各位编写人修改后的编写大纲进行讨论并作了一些微调，还根据对几份样稿的分析，讨论了编写时需要注意的一些问题。最后，巢峰老要求大家放弃春节假期休息，抓紧把初稿写出来，以保证当年5月份出书，决不能耽误9月份将举行的首次考试。

这年的春节过得很辛苦。单位放假，但编写人员没有休息，按照巢峰老的要求抓紧进行教材初稿的编写。节后巢峰老让我与各位编写人一一联系，了解进度，结果发现进度不大平衡。巢峰老决定集中一个星期，让大家全力完成编写任务，务必在3月中旬完成全部稿件。

上海市新闻出版局把集中开会的地点安排在上海与江苏交界的昆山市淀山湖镇学苑宾馆。那里环境很安静，有利于大家工作。从3月1日开始，全部编写组人员在巢峰老的统一指挥下，基本完成了初稿的编写，并进行了相互审读、修改。

从昆山回到上海后，巢峰老组织了一个六人审稿班子，对各章的初稿进行集中审读、统稿。审稿班子由巢峰老主持，参加的人员有雷群明先生、曾任上海辞书出版社副总编的徐庆凯先生、曾任《复旦学报》副总编的王华良先生、上海辞书出版社副总编唐克敏先生和我。我们采用先个人分别审读，找出问题，然后每天上午在巢峰老办公室讨论的方式，对各章稿件逐段逐段地进行梳理、修改。参加这项工作，我受益匪浅。一方面，我虽然从事编辑工作十多年了，但是对很多理论问题和工作范围之外的出版实务都不怎么了解，所以讨论时基本上说不出自己的意见，只能把他们提出的意见一一详细记录下来，而听取审稿班子里各位专家的发言，使我增长了许多知识，对我以后的工作极有帮助。另一方面，讨论过程使我深深感受到了这些专家在学术上的严谨和执着，尤其是徐庆凯先生和王华良先生，他俩是巢峰老多年的好友，但一旦与巢峰老有不同的看法，都会坦率说出，甚至与巢峰老争论得面红耳赤，有时声音大得竟使外面走廊里的人误以为办公室里吵架了而推门进来看个究竟。当然，争论归争论，最终达成共识后仍然是好朋友，巢峰老甚至会自掏腰包请大家吃饭。每天讨论结束后，我都及时按大家共同确定的修改方案对稿件的电子文件进行相应修改。就这样，半个多月后，形成了一份基本成型的书稿，我按巢峰老的指示及时把电子文件发给了考试办公室。

3 月 25 日，考试办公室在北京郊区红螺寺的钟磬山庄召开教材审定会议。巢峰老、王华良先生和我代表上海编写组参加会议。会议开了四天，采取分组交流和大会讨论相结合的方式。参加审定的专家，用桂晓风副署长的话来说，都是我国出版界的“重量级人物”。虽然时间比较紧，专家们还是对稿件仔细审核，从内容到形式都提出了很好的意见。会议结束前，桂晓风副署长代表总署提出了几点要求：一是要保证进度，因为这是有特殊用途的考试辅导教材，第一次考试的时间已经确定在 9 月 20 日左右举行，教材必须提前一段时间出版，最低限度是 5 月底，需要给考生留出比较充裕的学习时间。二是一定要保证编写质量，因为这是给出版专业技术人员用的教材，带有规范性，对读者有很大的影响，要让使用教材的考生今后能成为我国出版业的骨干力量，教材的内容质量就应是上乘的。三是要强调严谨、一丝不苟，保证出版质量，要使教材本身在形制上也都严格符合规范，起到正确的导向作用，有关的出版社要安排高水平的优秀编辑来做这项工作。四是一定要采取有力措施，确保进度和质量，为此，人事教育司要为编写人员提供帮助，与他们的工作单位联系，请单位保证编写人员在4月底之前有一段时间全脱产，集中全部精力投入教材的编写和修改之中。刘杲老作会议总结，对下一步的稿件修改、完善提出了很具体的要求；还特意说明，上海组织编写的稿件委托巢峰同志全权负责定稿。

4月1日，上海市新闻出版局孙颙局长主持召开上海编写组会议，巢峰老详细传达了北京审定会议的情况，王华良先生和我补充了一些审定专家在分组会议上提出的具体意见。大家讨论之后，巢峰老对下一步的工作提出了要求：根据北京审定会议意见和编写组会议的讨论，已有稿件中有些章只要小修，有些章需要中修，有的章则必须大改；由各章的原编写者分别执笔，负责对稿件根据集体的意见具体修改；从4月2日起算，需小修的章必须在两天内完成，需中修的章在四天内完成，需要进行大改的章在六天内完成；对编写人提交的稿件进行审稿、加工、统稿的工作，仍然由巢峰老主持的六人小组具体承担。

会后，各位编写人抓紧时间工作，都在规定时间内交稿。巢峰老为了保证稿件质量，除了由六人小组进行审稿和加工外，还在上海辞书出版社内邀请一批富有出版编辑工作经验的资深编辑帮助审读，提出意见。经过一番紧张工作，教材终于定稿了。我最后又对全书的体例作了统一处理，整理好电子文本和打印稿，经过复审和终审后发稿。

4 月 29 日，初校样送到出版社。除了由校对科根据打印原稿进行校对外，巢峰老还安排六人小组内的 4 位专家按照每人负责若干章的分工通读全书校样，他和我则负责对校样中的具体问题进行处理；同时，巢峰老还分别约请上海出版界的一批资深专家帮助审读，并且每章都请两位专家审读。校对科的同仁们非常配合，全科人员在五一节也加班加点，终于用三天时间完成了初校和二校，把校样交给我。五一假期的七天，我都在出版社加班，守着两部电话机，与各位审读专家联系校样的传递和对一些具体事宜作出答复，同时抓紧时间处理校样。审读专家先后返回的校样上批注的意见还不少。我逐页仔细查看后，对一些文字表述方面的小问题，直接标注如何处理后请巢峰老过目；对有些涉及内容的较大问题，请示巢峰老后拟定处理方案。为此，我每天早晨骑自行车去出版社时，中途都要拐到巢峰老家里，把对校样的处理方案确定下来。由于既要对审读专家的意见作出处理，还要按与巢峰老商定的处理结果把相应的修改誊写到校对科送来的校对样上，我估计工作量很大，可能单凭我一个人做是来不及在节后就退样的。于是，我又把编辑部的一位老编辑宋岚女士也拉到社里加班，负责誊样。经过一番紧张的工作，我们终于在五一假期后的第一天就把初校样退排版单位改样。刘杲老也在节日里加班，及时审读了全部校样，提出了一些修改意见请巢峰老决断。巢峰老很快就对刘杲老的意见作了处理。二校样送来后，我及时进行了处理。首先是按照巢峰老对刘杲老所提意见的处理方案，在二校样上作出修改；然后，对校对科同仁们提出的一些文字和格式上的问题，也在二校样上进行了处理。5 月 14 日，全部编校流程顺利完成，付印清样得以签发。印刷单位也十分配合，抓紧时间印订，5 月 25 日送来了快样书，5 月底教材成批进库。

在巢峰老的主持下，我们终于严格按照新闻出版总署的要求，按时为考生们提供了辅导教材，从而从一个侧面保证了首次全国出版专业职业资格考试能够如期举行。

二、确保试题质量

考试办公室对首次考试的组织工作安排得很紧凑，时间节点环环相扣。教材审定会议之后不久，考试办公室就分别于 4 月 8 日和 4 月 19 日在北京召开了命题工作会议。巢峰老代表上海参加了这两次会议。当教材方面的事务基本结束，就等印刷厂印订时，巢峰老于 5 月 15 日主持召开了关于命题的会议。

巢峰老在会上详细传达了北京会议的内容，并讲解了一些具体技术要求。上海要负责中级“出版专业理论与实务”科目的命题，而且必须按 3 套试卷（包括正式试卷、备用试卷和试做试卷各 1 套）的用题量命题。巢峰老按照这个目标，给 16 名命题人员安排了任务。命题人员分成3个小组，按内容的相关性分别负责若干个模块的命题，六人小组的成员分别担任各组的召集人。巢峰老根据考试办公室的要求，具体说明了每份试卷中每个模块的单项选择题、多项选择题和综合题的数量，并且为了保证今后组卷时有比较充分的选择余地，他还要求各个模块的实际命题数量应该比计划用题的数量多30%左右。3个小组随后讨论了具体分工和对一些题型的设想，约定了时间进度。

20来天后，各位命题人陆续把题目的手写稿交给我。我把这些题目输入计算机后，按照统一的格式进行了整合处理，以既方便大家阅读讨论，又方便今后打印成题卡进行组卷。巢峰老主持六人小组对题目进行了初审，采用的方式基本上与审读、修改教材稿件相仿。经过近一个月的紧张工作，基本上完成任务。6月底，考试办公室通知准备组卷。组卷过程中需要综合把握许多数据，由于我对办公自动化软件的操作相对比较熟练，能够利用软件的一些功能为组卷工作服务，并且还懂得一些计算机数据库的运用，同时我也熟悉教材内容，巢峰老就向考试办公室推荐我去组卷。

7月12日，承担第一次组卷工作的各位人士在安徽合肥会合，然后一起驱车去绩溪的一家保密印刷厂。孙文科处长直接主持组卷工作，他还特意邀请人事部人事考试中心命题处崔乃昭处长给大家作业务指导。在崔乃昭处长指导下，我对预先准备的题目进行了选择，将其中不大符合要求的题目或删除或进行修改，然后按照试卷结构表对各项数据的掌控要求，把相应的备用试题组合成试卷。幸亏巢峰老布置命题任务时对需准备的题目数量增加了余量，我组卷时没有像有的科目组那样遇到备用题量不够而“无米下锅”的困难。经过 4 天的反复修改、重组，终于形成了中级“出版专业理论与实务”科目的 3 套试卷。孙文科处长按照事先的安排，与我一起来到上海，请上海新闻出版教育培训中心组织部分副编审试做了 1 套试卷。我们分析试做情况后，发现题量偏多，在 3 个小时内很难全部答完，而题目的基本内容还是难易适中的。看来，正式考试用的试卷还需要减少一些题目。这显然难度不高，因为毕竟“做减法”比“做加法”要容易。我提出了如何删减题量的设想，报请孙文科处长和巢峰老同意后，对另外 2 套试卷的电子文件进行了适当调整。

从 7 月 25 日起，试卷复审会议在北京郊区的云佛山庄举行。虽然在绩溪组成的试卷从考试学角度看基本合格，但是出版业的专家们还是从专业角度提出了不少意见，其中最为突出的是有些选择题的干扰项内容不大妥当。于是，巢峰老与我在他住的房间里一起逐题修改，整整两天都是从早晨 8 时开始一直工作到晚上 11 时。有关专家审核修改后的试卷后，认为质量有了很大提升，可以用于考试。至此，由巢峰老率领上海地区相关人员承担的中级“出版专业理论与实务”科目的 2 套试卷，基本定型。

按计划负责承担的任务终于完成了，但还没有来得及松一口气，又一项重要任务落到了巢峰老肩上。原来，有一门科目提交复审的 2 套试卷没有达到基本合格的要求，题目被审题专家们否定了很多。如果不及时解决这个问题，考试将难以按计划进行。于是，桂晓风副署长在总结会上既对已经取得的成绩向各位专家表示感谢，也提出了存在的问题，同时明确宣布：为了不影响今年的考试工作，总署领导决定全权委托巢峰同志组织人员对这门科目的试卷进行彻底修改，删除不能使用的题目，再按照试卷结构表规定的各内容模块的比例、题型增补新题，而且务必在 10 天之内组成 2 套新卷并完成初审。

巢峰老的工作风格一直是雷厉风行的。接受这项艰巨任务后，一散会就与我商量邀请哪些专家来共同做好这项工作。六人小组一直是核心力量，自然不可缺少。但人手还是过少，于是，又增补了上海辞书出版社副总编乐嘉民先生和《辞书研究》编辑部主任徐祖友先生参加命题。随后，我们还商量安排了这些人员的分工。巢峰老马上打电话给上海辞书出版社办公室的李新华女士，请她帮助通知这些专家务必在第二天早晨 9 时到出版社会议室集中，并且事先要按照分工熟读由其他地区负责编写的那门科目辅导教材的相关章节内容。

试卷复审会议结束的当天下午，巢峰老就与我一起乘飞机回到上海。第二天早晨准时在上海辞书出版社会议室召开了一个短会。巢峰老向大家介绍北京会议的情况后，分配了各人须承担的任务，要求在一周内完成。我头天晚上已经将这门科目的已有题目按模块分割好，并按照北京会议审核的结果，分“可用”“应修改”“废除”三个档次用符号一一标明，还说明每个模块总共需要什么题型的多少试题，当然也适当加了余量。我在会上把这些材料分发给各位专家后，再把从崔乃昭处长那里学到的一些具体技术要求转告给各位专家。

好在这门科目原有的部分题目还是可以用的，出新题的任务相对轻一些。布置任务五六天之后，新题和修改完毕的原有题目都先后交给了我。我抓紧时间把题目整理、汇总好，一一输入计算机。8 月 6 日和 7 日，巢峰老主持进行集体讨论、修改，终于完成了 2 套卷子需用试题的命题任务，并且还剩余少量备用试题。8 月 8 日晚上，我就带着这些“宝贝”和一台笔记本电脑登上“夕发朝至”的京沪直达列车。第二天早晨，我一到北京就去新闻出版总署向孙文科处长汇报了巢峰老带领我们所做的工作。孙文科处长安排我住到离总署机关很近的东四饭店。在饭店的房间里，我按照孙文科处长提出的要求，将原来是表格形式的试题进行格式转换，制作成试卷样式，再细细看了两遍，作了些文字和格式方面的修改。10 日下午，我到总署把试卷的电子文件交给了孙文科处长。

8 月 12 日，在总署机关的会议室，刘杲老、杨陵康老等一批在京的出版行业资深专家一起仔细审核了我带去的那门科目的 2 套试卷，认为基本上可以提交终审，同时也提出了一些修改意见。当天晚上和第二天，我就按照专家们提出的意见，在东四饭店的客房里对试卷作了修改。

8月14日，巢峰老也来到北京，我接他到东四饭店稍事休息。下午我们一起到总署机关报到，然后集体乘车前往号称“天下第一州”的河北涿州，参加即将在诚信大厦召开的试卷终审会。

8月15日上午，终审会议开始。孙文科处长代表考试办公室汇报了前期工作的情况，说明这次会议的主要任务是对四门科目的八套试卷进行交付印刷前的最后审核。崔乃昭处长向大家说明了审核时需要注意的一些问题，其中最为重要的是，要求大家不单单“挑毛病”，还必须“开药方”，即对发现的问题必须提出处理意见。

各位专家按科目分工审核试卷。他们工作十分细致，对每道题都逐字逐句地“扣”，虽然在总体上对试卷予以肯定，但还是提出了不少“点点滴滴”的修改意见。这样，一直到第二天中午11时左右才完成试卷审核，然后由印刷厂派来的排版人员在计算机上进行修改。这天晚上7时，专家们再次集中到会议室。原来，为了保证质量，要对相应科目试卷按级别对调专家再审核一次，即由原来审初级试卷的专家再审中级试卷，原先审中级试卷的专家再审初级试卷。这次审核比第一次要容易得多，但还是发现有一些地方需要修改。忙到10时左右，先后分别完成。然而，大家还不能回房间休息，要“原地待命”。约一个小时后，任务来了，是要对修改后输出的清样进行校对。于是，刘杲老、巢峰老、杨陵康老等这些已经七十多岁的出版界元老，也都戴上老花眼镜，做起了校对工作。秋天的河北，虽然不再暑气熏人，但夜间的温度也不低，而且那么多人集中在一个会议室内，没多久就身上出汗了。打开空调想降降温，没料到恰恰空调机的温控系统出故障。开机后强劲的冷风直吹，不多时间就听到有人冷得打喷嚏，于是就赶紧关机，但关机后温度又很快上升。于是，只好改成人工控制，反复地开机、关机。时间过得很快，已经快到凌晨1时了，但还有几套试卷没有修改完毕，专家们还要等待。我看到各位专家已经神色疲倦，就向孙文科处长建议："剩下的工作量不多了，是否先让各位老专家休息。明天上午，不需再辛苦元老们，就让我们几位较年轻的编辑来做校对工作。"孙文科处长接受了我的建议，请老专家们不必再等候，回房间休息。

我们回房间睡了五六个小时后，于上午7时许又进入会议室。这时清样都已经打印出来了。我们几个相对比较年轻的编辑流水操作，分别对清样进行了对校和通读，再次稍作修改后，打印出付印清样交刘杲老审定。临近中午，全部审题专家都来到会议室，翻阅付印清样后签字认可。至此，试卷可以按人事考试中心安排的进度及时交付印刷，从而保证首次全国出版专业职业资格考试能够按计划如期举行。

中午吃饭时，大家都十分高兴，有说有笑。我说起巢峰老有次在出版社聚会上表演节目的事。顿时，大家就邀请巢峰老当场表演一个节目。巢峰老答应了，但提出一个条件，要其他人也都表演。在众人的掌声中，巢峰老率先唱了一首江苏民歌《妹妹送哥》。接着，其他几位专家也都分别表演了节目。气氛十分热烈、欢快。

2002年9月22日上午9时，首次全国出版专业职业资格考试按计划准时举行。据统计，全国共有17498人报考，实际参加考试的有14775人，出考率达到84.44%；其中参加初级考试的有2427人，参加中级考试的有12348人。

人事部和新闻出版总署领导对这次考试十分重视，人事部一位副部长和四位总署领导都到北京各个考场巡考，直接主管考试工作的总署人事教育司各位干部也都参加巡考。我按照考试办公室的安排在总署机关值班，负责接听各地来电，如果考生对试卷有疑问，要在保证不对答案有任何提示的前提下进行适当的答复。我的心情既激动又有些紧张，不知这些试卷能否经得起实践检验。

上午的3小时考试时间终于过去了。我们没有接到对试卷有任何疑问的电话，这说明上午的考试进行得很顺利。中央电视台的午间新闻节目，报道了首次全国出版专业职业资格考试于当天举行的消息。下午的情况与上午基本上一样。快到5点时，我们参加值班的各位人员，分别主动给各地打电话，了解当地的考试情况。一圈电话打下来，确认没有什么问题，大家都很兴奋，为首次考试顺利举行感到高兴。我也马上给巢峰老打电话，汇报情况。电话里传来了巢峰老爽朗的笑声，他一连说了几个“好”。

首次全国出版专业职业资格考试工作走出的第一步十分重要，为后来的考试组织工作打下了扎实的基础，积累了丰富的经验。以刘杲老、巢峰老为代表的我国出版界前辈精英，为这第一步的跨出作出了卓越的贡献。他们为国家的发展而甘于奉献的人生价值观，执着追求真理的科学求是精神，精益求精、一丝不苟的工作作风，襟怀坦荡、以诚待人的团队合作态度等高尚品质，是永远值得我们这些后来人学习、继承和发扬光大的！

称自己“走路快、吃饭快、行动快”的出版家走了

——出版家巢峰同志速写

黄贺强

也许是知晓我和巢老的师生情谊，1 月 8 日学林出版社的两位老同事给远在日本的我发来巢老离去的噩耗。丧亲之痛顿时涌来，我下意识地拿起手机打开仅存的照片和音频缅怀巢老。这段音频是 2018 年 5 月我回沪时去华东医院看望巢老时留下的记录，约 30 分钟的长短。尽管当时巢老的声音已不如往昔那么铿锵有力了，甚至有些句子已经让人听不清，但思维依然十分清晰。他简单回顾了一生的心路历程之后，我切入主题问他“关于他和他的 80 年代”，他非常清晰地说了“旺盛”两字。

实际上，“旺盛”两个字也的确是这位中国出版界领军人物的

写照。巢老，1954 年开始从事出版工作，先后主持上海人民出版社、上海辞书出版社，参与主持《辞海》第三版至第七版的编纂出版工作。在主持出版工作的同时，也坚持写作出版了不少专著，2017 年年届九旬之际还出版了《巢峰品德修身读本》。

巢老对中国出版界的贡献是有目共睹的，在这里我仅从与巢老交往的几件小事来个速写，以表达我的哀思。为什么说速写呢，也是因为记得巢老自己常说的话，“我走路快、吃饭快、行动快”，可以说无论在工作上还是生活中，“雷厉风行”就是巢老的一个重要标签。

辞海精神

巢老曾任中国辞书学会第一副会长、名誉会长，在辞书界树立起“一丝不苟、字斟句酌、作风严谨”的“辞海精神”，特别是当年痛斥“王同亿现象”，让业界人士拍手叫好。巢老在编辑业务上强调严谨作风，在时间观念上也是如此。在制定了《辞海》“十年一修”的原则下，巢老参与主持编纂了五版《辞海》。巢老说，《辞海》篇幅巨大，社内社外几百人同时工作，难度相当大。当年为了协调工作准时完成，他亲自制作了一个超长进度表，列上每个学科并随时标明进度。所以，每次谈起《辞海》，他总是要和我强调，每一版《辞海》都能准时在当年的国庆前出版。虽然，巢老德高望重，但每次开会或出差却十分守时，完全没有架子，甚至常常是提前5分钟到。所以，某出版社总编辑开玩笑说只要巢老出席会议他一定要开“闹钟”，不然巢老发火瞪起眼睛来还是蛮吓人的。

图书出版前咬文嚼字是理所当然的，出版后的再校对再思考更是“辞海精神”的体现。我手里有一本贴满了便签条的书籍《辞书记失——一百四十三个是与非》(上海辞书出版社，2013年版)，巢老从辞书编纂的专业角度，揪住过往辞书的143个是与非做了深入探讨，其内容涵盖哲学、经济、政治、文化等多个方面。巢老说，出版是一种遗憾的美，因为书出版后总会有需要改进的地方，所以出版后的再编辑再修改是非常必要的，也是提高自身业务的好办法，于是就把这本书送给我留作纪念。

离而不休勤耕耘。大家总听到巢老自嘲：“我啊，14岁就参加新四军，不是科班出身。我要向你们年轻人学习。”离休后，巢老仍然天天准时去出版社上班，还曾自我规定每天写500字左右的文章。他常说：“养之三年不足，毁之一旦有余。”出版社是这样，人也是这样。活着就要学习，绝对不能浪费时间。

出版经济学是一门学科，更需要实践

巢老是上海市经济学会名誉会长，最早将政治经济学理论和方法引入出版界，率先提出了“出版经济学”的概念，相关论文主要收入《政治经济学论稿》《出版论稿》中。论文展示了巢老在理论研究方面深厚的造诣，在主持上海人民出版社、上海辞书出版社工作期间，他探索出版体制、机制的改革创新，以及系列选题策划都是出版经济学的实践。巢老常说，出版经济学不仅是书本上的理论，更是一种实践。我们只能认识客观世界的某些部分，却不能认识整个客观世界，只有在实践中才能去辨真知。

2000 年，我正在考虑是否要报考上海社会科学院研究生的时候，曾经和巢老有过一次很深入的交谈。巢老语重心长地说，如果你想在美术方面继续深造也是不错的选择。经营管理专业对你来说确实有点难，并且这个专业对你的编辑工作也未必有实际帮助，但你以后能更理性地看待问题。中国市场经济大发展是趋势，中国出版未来也一定会迎来一场大改革，你现在还年轻可以挑战一下。两年后，我完成毕业论文初稿信心满满地交给巢老后，巢老认真审阅并提出了重要意见。他说，现在年轻人写文章都喜欢大而全，我看你的论文也犯了这个毛病，建议我可以将重点放在“现代企业制度、产业化”这一内容上。巢老对数字十分敏感，他还在几处数据上打了问号。我解释说这些数据来自某书或是某报，巢老立即纠正说，引用一个数据至少查看三个地方，这样比较着看，或许还能看出其他问题。

其实，从学林出版社辞职到后来成立出版工作室，巢老都是我的坚决支持者，相反我父母都不那么赞成。2012 年，我和巢老就“出版界跨省合作，优势互补”的话题展开讨论，并做了一份由上海世纪出版集团和某省出版集团合作成立平台公司、以少儿教辅为起点的项目书。对此，巢老给予了高度认可，他认为这个是符合经济发展规律的，也是一个大胆有操作性的想法。巢老认为，完全可以打破出版社各自为政的想法，去尝试在资本和销售上的合作，所以他也曾为此积极帮忙联系。全球的出版业都面临着历史性巨变，巢老高瞻远瞩地看到了这样的巨变，但也不断提醒我要注意自己的站位，更不要去计较一时的利益。

举贤不避亲

虽然，巢老曾狠批上班迟到、上班炒股的不良作风，但对有才华、有干劲的年轻编辑，巢老也总是积极鼓励和提拔，并敢于承担各种压力保护年轻干部，这样的事例不少。

2002 年，巢老邀请我参加编写全国出版专业职业资格考试辅导教材《出版专业理论与实务·中级》(上海辞书出版社，2003 年版）中关于出版装帧这一章节。当时我在学林出版社担任美术编辑，并负责《编辑学刊》的初审工作，从资历上看还是出版新兵，所以担心不能胜任。巢老安慰说：“凡事都有第一步，试着去写，不懂可以请教你们社里的沈兆荣同志。”就这样，我在啃了一堆装帧理论书籍之后，凭借着实际工作的经验，终于完成了稿子。二校稿时，我来到巢老办公室，巢老迎面严肃地说：“我们有个老同志对你的稿件意见很大，说你的字迹有些潦草。”我刚想要解释，巢老笑着说：“没事了，我对老徐（徐庆凯）说，先看看稿子内容有没有重大问题，对年轻人要稍微宽容一点。”正说着，徐老进来了并惊讶地说：“原来贺强是个女同志啊！”当时我只感觉脸上火辣辣的，赶紧道歉，现在每当手写文字时就会想起这段故事。

2008年，我先生从畅销书的角度，撰写了一本客观地展现日本社会变化的书稿。虽然他本科是复旦大学历史系专业的，但东京大学博士毕业后一直从事与金融相关的工作，在国内没有出版过任何著作，所以在当年出书难的情况下，不想补贴出版是很困难的。那时我父亲还在上海人民出版社工作，但为了避嫌我也没和父亲商量，就直接找到了巢老。巢老说：“决定一本书能出版与否，是看内容有无价值，其他因素都不重要。现在补贴出版这么多，我看未必是好事。这部书稿我不能保证可以出版，我先看看内容，也请其他编辑看看。”2009年，书稿定名为《谁能拯救日本：个体社会的启示》顺利出版，还得到了时任上海辞书出版社社长彭卫国的高度评价，听说还在出版社内组织了学习。这本书又得到了东方出版社许剑秋总编辑的认可，在东方出版社出版了第二版，并且出版了“从畅销书看日本社会走向”的系列著作。

生活中的巢老

和巢老成为忘年交，源于《编辑学刊》的工作。作为《编辑学刊》的理事会成员，巢老来到学林出版社参加刊物的讨论，我们开始有了接触。深入交往的契机是在老社长雷群明带领上海市编辑学会一行人访问湖北省编辑学会的时候。巢老和编辑家郝铭鉴等先生都参加了这次访问。访问期间，我对巢老有了更多的了解，觉得他不仅是一位严肃的领导，也是一位和蔼可亲的长辈。在去神农架参观的途中有一次长时间的休息，在郝老师讲述文坛的逸闻趣事之后，巢老竟然主动提出给大家变个魔术。时任湖北省编辑学会会长蔡学俭老先生笑问："老巢您还会这一手啊？"巢老回答说："哈哈，我也是刚学的，现学现卖啊。"

有一天，接到上海辞书出版社总编办的电话，邀请我参加巢老八十大寿以及出版纪念活动，会议在上海社科院礼堂召开。我恰好坐在巢老孙女的旁边，我悄悄问她："你觉得爷爷怎么样啊？"中学生孙女说："爷爷很棒，也蛮风趣的。"

认识时间久了之后，总免不了聊家常。有一回，我侧面问巢老："大家都说您脾气大，爱发脾气，我看您挺和蔼的呀。"巢老呵呵笑起来说："是的，我是急脾气。原则问题坚决不能变，事情一旦定下，就必须做好。"我问："那么您自己有没有犯过错呢？"巢老说："人哪能不犯错呢，在工作上用错人的事也会有。"停顿了几秒钟之后，巢老接着说：“有时在家也会和老伴拌嘴，你都不会想到有时就是因为一块抹布。有一次中秋节出行，老伴节约要乘坐公交车，我呢，坚持坐出租车，两人意见不合，结果我就一个人去了外滩。”我说：“您完全可以叫司机帮忙送一下啊。”巢老说：“司机也有家庭，逢年过节最好不要安排他们。”

巢老是围棋高手，对围棋也很着迷。但得知我的孩子在学围棋后，几次叮嘱，下围棋很伤脑子，小朋友太小脑子别太累了。他也曾主动谈起他的儿子，说：“现在我住的大房子就是小儿子孝敬我的，我很高兴啊。不过，我以前曾经狠狠地骂过他，因为他竟然辞职炒股票。你完全无法想象，在我们那个年代辞职是一件天大的事情啊。没想到，小儿子头脑活络，股票和生意做得挺好。”说到这，巢老摇着头笑着说：“怎么办呢，我只好认输啦。”

一边放着录音，一边快速记下这些回忆。弹指一挥间二十多年过去了，太多回忆一一浮现在眼前，有些细节特别清晰，有些较为模糊。在我结婚时，巢老送给我一套亚运会银币纪念币，他说：“这是我亲自去东方商厦挑选的，银币一枚枚圆圆满满，我也祝福你以后的生活幸福圆满，但是你要知道生活总会有不圆满的时候，你要做好准备。”言者谆谆，这是长者才知道的生活的经验。

录音里继续传出巢老的声音：“谢谢你来看我，可惜我这里没有东西可以招待你。你喜欢什么书？我去准备，等你下次来时再给你。”然后若有所思地说：“今天我就给你写两句话吧。”当时我完全没有准备，随便拿了笔记本递过去，心想以后总还有见面的机会呢。没想到，这一别竟然是永别。巢老离去了，享年 95 岁，我想他为自己的一生画上了一个圆满的符号。

打开笔记本，看着巢老的题字，不禁热泪盈眶。这是祝福更是勉励，我想他的出版人精神将会成为鞭策我人生的持久的力量。

巢峰同志二三事

秦志华

2016 年 9 月，我回到上海辞书出版社工作。当时巢峰同志已是 88 岁的高龄，虽然已于六年前办理了离休手续，但仍坚持每周到社办公两三天：一是忙于《辞海》(第六版）解剖工程的收尾工作，进一步补充完善《辞海》(第七版）编纂出版方案；二是编写他一直想完成的《品德三字经》《品德千字文》以及《巢峰品德修身读本》。

第一次去巢峰同志办公室拜访，简单寒暄两句后，他便郑重地站起身来，把桌上厚厚一整包《辞海》解剖工程的各学科报告交到我手上，语重心长地嘱咐道："这些材料请你仔细看看，解剖工程凝聚了 200 多位专家的意见,《辞海》(第七版）的工作要尽量吸收这些成果。"初涉"辞海"的我，唯有诺诺。待回到办公室，逐页翻阅这些报告时，才体会到巢峰同志的良苦用心。这 80 篇共 25 万字的

《辞海》(第六版)各学科解剖报告，不仅广泛邀请学术界、出版界、辞书界专家对《辞海》在收词立目、释文体例、学科框架等方面存在的问题进行了客观分析，更对《辞海》(第七版)的编纂修订提出了大量具体的意见建议；既是一份《辞海》工作的系统总结，也是一次直面问题的自我剖析。巢峰同志是要借此告诫我们，对于《辞海》工作，既要有海纳百川、纳善如流的气度，更要有精益求精、科学严谨的态度。这也是《辞海》能够长久保持其生命力的关键。

2017年，上海辞书出版社的老办公楼何东旧居，对外租赁的12年租约到期。这栋老洋房见证了《辞海》第二版至第五版的诞生，曾留下舒新城、陈望道、赵超构、束纫秋等一大批前辈“辞海人”的身影，对于《辞海》和上海辞书出版社而言，都有着特殊的意义。社里顶住各种压力，经过艰苦谈判，克期收回自用。待所有租户清空后，我专门到巢峰同志办公室汇报了相关情况，并邀请他再回老洋房看看。他听后立即站起身来，急匆匆地向老洋房走去。我一边搀扶着他，一边向他介绍：社长办公会上已经明确，何东旧居收回后，涉及《辞海》工作的编辑出版部门将全部搬入，社领导一个房间都不占用。他听了频频点头。进门后，我告诉巢老，社里在一楼为他安排了一间小办公室，以便大家不时请教《辞海》工作。他笑着摆摆手说，这间办公室我用不上，应该留给你们。陪着他楼上楼下走了一圈，明显感觉巢老的状态越来越放松，他应该是想到了也看到了，《辞海》(第七版)的编纂出版工作，将在这里的一间间办公室里完成。

巢峰同志1928年出生，1954年起从事出版工作。从1978年至2017年的四十年里，他组织编制了上海辞书出版社1978—2000年工具书编纂出版规划，参与主持了《辞海》第三版至第六版的编纂出版工作，研究制定了《辞海》(第七版)编纂出版方案，直至90岁高龄时才在医生、家人的极力劝说下入院休养。

2020年9月16日，我捧着刚刚出版的一套八册《辞海》(第七版)彩图本，赴华东医院看望巢峰同志，向他汇报《辞海》(第七版)的出版情况和《辞海》网络版的建设情况。在听取我汇报的过程中，当了解到近2400万字的新版《辞海》的编纂出版工作与前几版相较，在一个环节不少、一个流程不减的基础上，又增加了一次专家审读和两个校次，即经过了10轮审读和12遍校对后，他跷起大拇指情不自禁地说了一句“了不起”；在观看了《辞海》网络版的现场演示后，他又一次跷起大拇指称赞说“了不起”。老一辈“辞海人”对《辞海》(第七版)编纂出版工作的鼓励，对《辞海》数字化创新转型的肯定，让在场的每位同事都很受感动和鼓舞。

因为工作关系，与晚年的巢峰同志有了不少接触。以上仅撷取与《辞海》相关的点滴往事，表达我对巢峰同志的敬仰和怀念。巢峰同志的精神力量，将激励全体“辞海人”遵照习近平总书记“坚定文化自信，坚持改革创新，打造传世精品”的重要指示，不断继承和发扬“一丝不苟，字斟句酌，作风严谨”的“辞海精神”，继往开来，守正出新。

怀念巢峰先生，向“辞海”的前辈们学习

张　荣

我进上海辞书出版社工作的时间较晚，当面向巢峰先生认真请教的经历几乎没有，仅有的几次面见还大多是在华东医院的病房里，但巢峰先生情系《辞海》的执着和对后学晚辈的勉励仍让我感动。

辞书社内有一个专名叫“辞海人”，用来指参加《辞海》编纂出版工作的人，既包括作者，也包括社内的编校出版人员，并有“一入辞海门，终身辞海人”之说。按照常理，“终身”的分量很重，一般不可轻言，乍听之下，可能会感觉这个说法有点夸饰，当时我就是这样以为的。但事实却真切地教育了我，以巢峰先生为代表的“辞海”的前辈们完全当得起这一说法！

来社后，数次参加老同志的重阳节聚会，介绍情况汇报工作，大家最关心的就是《辞海》的方方面面以及出版社的发展。每年春节拜访社里的老同志，话题主要都是围绕着《辞海》。他们即使早已退休，离开了第一线工作，但心心念念的仍是《辞海》。鲍克怡先生会和你讨论《辞海》词条编排和检索方法，如何既能让读者查得快又查得准，并热情表扬《辞海》网络版，鼓励有加。通达的严庆龙先生话说《辞海》的既往，个中甘苦五味杂陈，娓娓道来、历历如新。薛国屏先生 1962 年即参加《辞海》(第二版)“中国地理”部分的编辑工作，耄耋之年仍负责第七版的审稿工作，六十年六版《辞海》，一甲子一件事，称之为“终身”，谁谓不可!

这其中，给我教育更深的是徐庆凯先生，虽然我们也只见过两次面。第一次是在徐先生家中，当时他已身患癌症，虚弱瘦削。坐下后，并不寒暄，直奔主题，就是关于《辞海》(第七版)的编纂工作。徐先生事先已有准备，在纸上记着若干条要谈的内容，他反复强调，要重视对读者意见的处理，实事求是，有错就改，不断提高整体质量。徐先生还着重指出，六版以后的这些年，我们党高度重视自身建设，有许多理论和实践创新，七版要系统、准确反映这方面的重要理论和重大成就，“党建工作”应该作为七版的重要板块扎实做好。第二次是在医院的病房里，徐先生弥留之际。一贯严谨的徐先生仍然是事先做好了准备，断断续续、字斟句酌地说：“我这一生没有什么遗憾！要说总结，就两句话：清清白白做人；

有幸参加《辞海》工作，始终认认真真。最后要拜托你们把《辞海》接着做好！”费力说这番话时，我分明看到了老先生眼中的泪花，在场的人也都流下了泪水。此情此景，感人至深。我想，前辈这份沉甸甸的嘱托，今天的“辞海人”都当永远铭记！

徐庆凯先生去世后，社里为他召开追思会，巢峰先生抱病出席，深情讲述徐先生的为人和贡献，回顾《辞海》的历史并展望未来。我想，巢峰先生讲的主要是徐先生，但其实也是在表彰以徐先生为代表的那一代老“辞海人”们。确实，百年《辞海》，中华人民共和国成立后的六次修订，有无数前辈为之殚精竭虑、不懈努力，而巢峰先生本人则又是其中杰出的一位。

一提起巢峰先生，首先想到的就是他的眼睛。私下曾和同事谈论，以为巢峰先生有方瞳之相，双目炯炯，即使久卧病榻，依然有神。精气神充沛，大概和巢峰先生相识的人都会有这样的感觉。巢峰先生专意《辞海》，并为之倾注了半生的全部心血，数十年担当作为、拼搏奋斗，就是一名一往无前、冲锋陷阵的勇士。

巢峰先生1978年开始参与主持《辞海》工作。《辞海》1979年推出第三版，此后巢峰先生等又明确十年一修，每十年出版新一版，且每版都力求有新的创新突破：三版拨乱反正；四版整体质量全面提升；五版变按词条部首为音序编排，并推出彩图本；六版推出辞海悦读器；七版建设网络版。在党和国家的大力支持下，在历任主编的谋划统筹下，通过全体“辞海人”的共同努力，每版的编纂出版，都向广大读者交出了一份成绩优良的答卷。几十年来形成的“一丝不苟、字斟句酌、作风严谨”的“辞海精神”和“守正创新、与时俱进”的“辞海传统”已经成为了我们最为宝贵的财富，是“辞海”事业持续发展的坚固基石。作为《辞海》工作的长期具体主持者，巢峰先生对“辞海精神”和“辞海传统”的提炼形成发挥了独特的重要作用。《辞海》每十年一个扎扎实实的足迹，都铭刻有巢峰先生的深深烙印，都和其他前辈们的奉献紧紧相连，抚今追昔，可谓业成当下、功及后世！

还是在病房中，床头柜、窗台上，堆放着《辞海》(第七版)的校样，以巢峰先生当时的身体状况，其实已不太能承担实际的审稿工作，社里的同志希望他安心养病，不忍心再多去打扰，但巢峰先生执意要求再看看。我大概能理解，在他的心目中，《辞海》的事情比天大，《辞海》的事业已经成为他生活乃至生命的一部分，不可或缺的一部分，只要看着它、想着它，就有支撑，才能心安！

新时代，“辞海人”将踏上新的征程，前路关山经行，此时此刻，我们更加怀念巢峰先生，更加想念“辞海”的前辈们！

2020 年 1 月 11 日

辞书出版工作的领路人

唐克敏

2023年1月8日，著名出版家、辞书学家巢峰同志在华东医院不幸逝世，享年95岁。消息传来，我深感悲痛。巢峰同志是我从事辞书出版工作的领路人，也是我尊敬的领导和老师。

1988年夏，我从华东师范大学历史系研究生毕业，到上海人民出版社历史编辑室工作。次年5月，巢峰同志以上海辞书出版社社长兼任上海人民出版社社长、总编辑。从此，我与巢峰同志相识，并一直在他的领导下工作。

1994年2月的一天，巢峰同志约我到他办公室谈话。他说："我马上要离开人民出版社，回辞书出版社工作了，辞书社的历史地理编辑室主任年事已高，即将退休，需要人接班。想调你去辞书社历史地理编辑室工作，先从副主任干起。你考虑考虑，回去和你爱人商量一下，尽快给我一个答复。”并说：“调你去辞书社工作的事，我给人民社的主要领导都谈过了，他们看在我的老脸上都同意。”我在上海人民出版社工作期间，和巢峰同志直接接触不多，但他对我却如此信任，对此我既感到意外，又很感动，当时自己心里已默默同意。我回家和我爱人说了调动工作的事，她也表示赞成。第二天，我到巢峰同志办公室，告诉他，我愿意去辞书社历史地理编辑室工作。巢峰同志听后很高兴，说：“我马上通知有关部门办理调动手续。”

1994 年 3 月，我接到通知去上海辞书出版社报到。几天后，巢峰同志在社中层干部会议上宣布任命我为历史地理编辑室副主任。从此，我在巢峰同志的引领下，走上了辞书出版的道路。

上海辞书出版社的历史地理编辑室主任谈宗英，慈眉善目、笑口常开，说着一口糯软的苏州话。他当时已年过六旬。我到历史地理编辑室工作没多久，谈主任叫我星期天到他家去一次。我到他家后，谈主任对我说：巢社长特意嘱咐我，要我在业务上多教教你，让你尽快熟悉业务，尽快进入角色。接着，他就给我详细介绍了辞书编辑出版的基本知识、辞书编纂方法和流程，以及在辞书编辑工作中需要注意的问题，等等。巢峰同志的周到安排和谈主任的精心指导，使我获益匪浅，帮助我较快地熟悉了业务，进入了角色。我深深感激巢峰同志、谈宗英主任对我的关怀和培养。

巢峰同志是“一丝不苟、字斟句酌、作风严谨”的“辞海精神”的倡导者和践行者。他从1979年版（第三版）起，参与主持《辞海》的编纂修订和出版工作，以后又主持了1989年版（第四版）、1999年版（第五版）、2009年版（第六版）、2020年版（第七版）共五版《辞海》的编纂修订和出版工作，把《辞海》作为他的终身事业。晚年在医院住院治疗期间，他还写下了“不忘初心，心系《辞海》”八个大字，表达了自己的心声。

有件事，给我留下深刻印象。2008年，《辞海》（第六版）的编纂修订工作进入最后冲刺阶段。按照规定，有些条目必须送相关部门审核。这时候，巢峰同志在审稿时发现，在中共党史条目中，关于“中国无产阶级革命家”的头衔用得比较乱。例如，有些参加革命早、领导职务高、对革命贡献大的人，没有加“中国无产阶级革命家”的头衔，而有些参加革命较晚、领导职务相对较低、对革命贡献相对较小的人却加了“中国无产阶级革命家”的头衔。或者，参加革命时间和领导职务相仿的人，有些加了“中国无产阶级革命家”的头衔，有些不加。巢峰同志认为，必须制定一个内部文件，规定符合哪些条件的可以加“中国无产阶级革命家”的头衔，不符合条件的一律不加。当时，没有可供参考的文件，于是巢峰同志亲自起草了《〈辞海〉（2009年版）中共党史人物条目关于“中国无产阶级革命家”头衔的掌握尺度（试行稿）》。这个文件经过八次讨论和修改，交上海辞书出版社领导班子讨论通过。全社按照这个文件，对有关条目的“中国无产阶级革命家”的头衔使用进行了统一。我当时担任上海辞书出版社副总编辑，分管《辞海》条目的送审工作。中共党史条目送审后，审稿单位打电话来问我：你们对使用“中国无产阶级革命家”的头衔有标准吗？我回答：有的，我们自己制定了一个文件，对使用标准作了规定。对方说：你把这个文件送给我们看看。我随即把这个文件寄给了审稿单位。他们看了以后没有表示不同意见，通过了我们送审的条目，发文同意这些条目公开出版。从这件事上，可以看到巢峰同志在《辞海》编纂工作中的前瞻性、开拓性，以及对中共党史的全面了解。

实际上，早在1979年年初，巢峰同志就以极大的勇气和胆识，起草了《〈辞海〉（合订本）处理稿件的几点具体意见》，共八条三十九款，对《辞海》稿件中涉及的有关阶级斗争、路线斗争、无产阶级专政下继续革命、“文化大革命”、导师和领袖、重要事件和人物等一系列具体问题的处理，作了规定，解决了1979年版《辞海》编纂出版工作中的最大难题。这在当时是一件既有风险，又具有开创性的工作。

2010年5月，辞海编纂处从陕西北路457号搬到延安中路955弄14号独立办公。我当时担任上海辞书出版社副总编辑和辞海编纂处副主任、副总编辑，负责辞海编纂处的日常工作。

辞海编纂处每周召开一次主任办公会议，检查和总结编纂处上周工作，讨论和布置编纂处本周和下周工作。巢峰同志虽然已经离休，但作为《辞海》的常务副主编，我们仍邀请他每周来参加编纂处主任办公会议。他每次都准时来参加会议，并对《辞海》的编纂出版工作发表意见，进行指导。有经验丰富的巢峰同志掌舵，好比有了“定海神针”，我们心里都非常踏实，对做好《辞海》编纂出版工作充满信心。

2012年，《辞海》（第七版）编纂工作启动前，巢峰同志提出，为了提高《辞海》（第七版）的编纂质量，要对《辞海》（第六版）以学科为单位，对框架、收词、释文、配图进行一次全面深入的解剖分析，找出问题和不足，提出下一步的设想和改进方案。为此，他建议由辞海编纂处负责牵头这项工作，通过有辞海编纂出版任务的编辑室联系各分科主编落实。

2012年6月7日召开的《大辞海》《辞海》主编扩大会议，布置了对《辞海》（第六版）各学科从框架、收词、释文、配图等方面进行全面解剖分析的工作，查找存在的问题和不足，提出意见和建议，从而为编纂《辞海》（第七版）做好准备。经过各学科分科主编和上海辞书出版社、辞海编纂处一年多的努力，到2013年年底，这一工作基本结束，共收到解剖分析报告80篇，其中分科主编和辞书社编辑撰写66篇，辞海编纂处编辑撰写14篇。

对《辞海》（第六版）各学科的全面剖析，为提高《辞海》（第七版）的编纂质量打下了坚实的基础。这在《辞海》编纂史上，是一项具有开拓性的完全创新的工作。巢峰同志作为这项工作的提出者和指导者，为确保《辞海》编纂工作的高质量，作出了特殊贡献。

巢峰同志非常重视编辑队伍建设，注重对青年编辑的培养。针对辞书社编辑队伍新老交替，新进编辑没有从事过《辞海》编辑工作的情况，他提出，要对新从事《辞海》编辑工作的青年编辑进行培训，提高他们的业务水平，从而保证《辞海》的编校质量。巢峰同志亲自给编辑授课，他给青年编辑上的第一课就是《发扬“辞海精神”，做一名合格的辞书编辑》。通过培训和测验，青年编辑的业务水平明显提高。

为了给不同文化层次的读者提供适应不同需要的《辞海》，早在20世纪末，巢峰同志就提出，要在《辞海》的基础上，编纂出版《大辞海》和《小辞海》，以与《辞海》配套。《大辞海》主要供各个专业的研究者和受过高等教育的读者使用。《小辞海》主要供中学生和中等文化程度的读者使用。

《大辞海》的编纂出版方案上报后，先后得到上海市新闻出版局、中共上海市委宣传部、新闻出版署的批准，于1999年立项，并获得国家出版基金资助。《大辞海》的编辑委员会同《辞海》是一套班子。《大辞海》从2003年起，陆续出版，到2015年全部出齐。《大辞海》以学科分类，共有38个分卷42册。全书收录词目28万条，5000多万字，图片8000幅。《大辞海》是以《辞海》为基础的原创性文化精品工程，是比《辞海》篇幅更大、内容更广泛、读者定位更高的特大型综合性词典。它的出版，填补了我国特大型综合性词典的空白。

《小辞海》也在2000年获上海市新闻出版局批准列选，同意出版。《小辞海》由巢峰同志主编，全书收词约47350条，400万字，于2016年出版。

巢峰同志对《大辞海》和《小辞海》的编纂出版有开创之功。

我追随巢峰同志近三十年，始终以他为师，在他身上，有很多值得我学习的东西。他的前瞻性、开拓性、大局观，令我敬仰；他做事严谨、雷厉风行、举重若轻的风格，令我钦佩；他活到老，学到老，工作到老，永不停步的精神，是我终身学习的榜样。

巢峰同志虽然离开了我们，但他的出版思想、出版品格，是留给我们的宝贵精神财富，必将激励后人薪火相传、不断向前。

巢峰同志，我们永远怀念您！

深切缅怀老社长、好社长巢峰同志

包楠生

我是2023年1月13日得知巢峰同志谢世噩耗的，晚间躺在床上，老社长生前的音容笑貌、对辞书事业的执着、对员工的关心爱护，桩桩件件涌上心头，热泪不知不觉流淌出来，湿了枕巾一片。

我是上海辞书出版社的员工，1999年65岁时退休。我退休的20多年中，社里领导换了多届，1999年前入社、现在仍在工作的为数寥寥，社里大多数人不认识我，我得简单自我介绍几句。我是1958年调入中华书局辞海编辑所的。在舒新城、陈望道任《辞海》第一、二任主编，杭苇任常务副主编时，我在主任室当秘书。1965年《辞海》（未定稿）出版，杭苇回了市教育局，副主任鲁平主持全所业务，他嘱我兼任综合组副组长（未设组长）。1969年冬，我奉调参加市里组织的对我市下乡知青的学习慰问团，1973年又从慰问团调至市知青办。1980 年 1 月知青办的历史任务完成，我又重回辞海编辑所（此时已易名为上海辞书出版社），回社后我大部分年月在综合业务科，主持全社辞书的索引工作，直至 1999 年《辞海》（第五版）问世后退休。

一、老社长为我国辞书事业作出了杰出贡献

巢峰同志是 20 世纪 70 年代进入上海辞书出版社领导班子的，当时社长是束纫秋。1981 年上半年束因筹备《新民晚报》复刊事宜离开辞书社，巢峰以副社长主持我社全面工作，1986 年任社长，直至 1996 年 7 月。15 年间，他为我国辞书事业的繁荣昌盛、为我国辞书体系的建立作出了重大、杰出的贡献。

巢峰主持社里的工作后，首先抓的是辞书出版的长远规划。他提出以大型辞书为骨干，配以各类工具书，如综合性辞书、语文辞书、专科辞书、手册、年表、索引、年鉴等共 400 余种选题的长远规划，他提出的“月出一典”的愿望，很快实现了，又提出“月出二典”的要求，又实现了。

回想 1965 年冬辞海编辑所鲁平去北京中宣部开会，会议由常务副部长周扬主持，给出的任务是：（1）希望上海在《辞海》（未定稿）出版后，编辑所不要解散；（2）在修订《辞海》取得了经验的基础上，展开文、史、哲、经四部大辞典的编纂工作。并要求鲁

回沪后向市委有关领导汇报。

后来，中宣部交给的两项任务，在巢峰主持辞书社的业务后全部完成了。现按文、史、哲、经的顺序看一看完成情况。

“文”的方面，那段时期我社出版了《中国文学大辞典》《中国电影大辞典》《中国戏曲剧种大辞典》《中国文物精华大辞典》《体育辞典》《中国美术辞典》《中国名画鉴赏辞典》《敦煌学大辞典》等；《唐诗鉴赏辞典》是我国辞书的一个新品种，出版后一炮打响，在国内读书界引起热烈反响、赞声不绝。我社顺应社会需求，以后又陆续出版了先秦诗、汉魏六朝诗、宋诗、唐宋词、元曲、元明清诗、新诗等鉴赏辞典，将中华两千多年的诗词名作一一囊括进来，真是洋洋洒洒、蔚为大观。

“史”的方面，那段时期我社推出的有《中国历史大辞典》、《中国历史大事年表》(古代卷、近代卷、现代卷)、《近代上海大事记》、《现代上海大事记》、《当代上海大事记》、《中国近代史词典》、《中国历代职官词典》、《世界历史词典》、《世界近代史词典》、《第二次世界大战百科词典》等。

我社史、地两个大学科汇在一个编辑室内，不妨将地理方面的成果也叙上一笔。那段时期出版的有《中国地名词典》《中国名胜词典》《中国历史文化名城词典》《世界地名词典》《外国地名语源词典》《世界地理之最词典》《地理学词典》等。

中宣部提出的“哲”“经”两部辞典在我社均属哲社编辑室的

业务范围，我就拼起来一起说吧。在社长领导下，这两部大辞典在20世纪80年代均已陆续分卷出版。《哲学大辞典》分成《马克思主义哲学》《中国哲学史》《外国哲学史》《逻辑学》《美学》《伦理学》6个分卷，收词达13000条，共500万字。《经济大辞典》则规模更为宏大，全书分为20卷，收词35000余条，1500多万字。这两大辞典都属国内该领域第一部大型专科辞典，都获得了优秀图书的大奖。

那一时期哲社编辑室推出的中型词典还有《民族词典》《宗教词典》《法学词典》《简明社会科学词典》《当代国际人物词典》《社会科学人物词典》等。

此外，我社语词编辑室，在那段时期也是硕果累累，出版了《中国成语大辞典》《中国古代名句辞典》《古汉语大词典》《中国俗语大辞典》《当代汉语词典》《常用典故词典》《常用谚语词典》《同义词词林》《新惯用语词典》《动词用法词典》《虚词用法小词典》《宋元语言词典》《简明吴方言词典》《汉语外来语词典》《实用解字组词词典》等。一个编辑室在不长的时间内能这样系统全面地将汉语的方方面面介绍给读者，国内可能仅此一家吧！

在科技方面，我社出版了《土木建筑工程词典》《测绘词典》《气象学词典》《简明天文学词典》《简明物理学词典》《简明生物学词典》《数学题解词典》等。

那段时期，中国辞书界真是出现了一派繁荣兴旺的景象！

二、巢峰对《辞海》的新贡献

（一）解决《辞海》续修周期问题

《辞海》（未定稿）1965年4月出版后，当时在编辑所主持工作的杭苇给毛主席办公室、中央各有关部门、上海市委有关部门一一寄去了样书。当年6月20日毛主席来沪视察，接见复旦大学教授、《辞海》分科主编刘大杰时，刘询问主席见到"未定稿"了没有？主席答看了一百来页，既说"你们做了不少工作"，也对有些条目的不足之处提了看法，并未提起出版公开发行本的问题。倒是周恩来总理在1971年3月全国出版工作座谈会上提出了对"未定稿"的再修订问题。1979年版《辞海》是在束纫秋当社长期间完成的。至1981年5月束离社前并未提出过《辞海》以后的续修问题。续修问题是巢峰提出来的。他根据国内的情况和国际上大型辞书修订周期的通常做法提出了"十年一修"的明确概念。这一"十年一修"的规划，在此后几个版本的修订工作中均得到市委和中央的认可和支持，成了《辞海》续修周期的一个定制。

（二）请国家主席为《辞海》题写书名

参加《辞海》工作的人员都有一个强烈的愿望——希望毛主席能为它题写一个书名，并正式向中宣部提出。1963年6月回复来了："题写书名问题，请编委会自行解决。"杭苇在浦江饭店召开了主任委员和副主任委员会议，传达了中宣部的回复。会上各副主任委员一致推举主任委员陈望道为《辞海》题写书名。从“未定稿”开始，1979年版、1989年版三个版本用的均是望老题写的“辞海”两个大字。延至1999年版时，主编是夏征农，巢峰请夏老向江泽民主席提出为《大辞海》题写一个书名，并得到允诺。1998年12月7日江主席的题签由市委机要交通局送达我社，社领导当晚在我社召开了有关干部会议，热烈迎接江主席的题签，巢峰展示了这一题签，并和其他社领导成员一起拍照留念。《辞海》自1999年版起用上新题签，2009年版、2020年版用的均是江主席题写的书名，辞海人兴高采烈，数十年的愿望得到了实现。

（三）专为《辞海》设计、制作电脑新字库

《辞海》1989年版及以前各版的排版，用的均是铅字排版的传统工艺。科技在进步，电脑在群众中的使用也逐渐普及，巢峰在主持《辞海》1999年版修订时决定使用电脑排版。1996年上半年和上海印刷研究所签订了合约，请他们设计、制作一套符合《辞海》要求的宋体、黑体字形的新字库。从1999年版开始，《辞海》的排版就使用了电脑排版的新工艺。

（四）与台湾东华书局合作出版繁体字版《辞海》

1989年上半年台湾东华书局来商议，希望合作出版《辞海》1989年版台湾适用的繁体字版，并希望我社能代为其完成编辑加工、排版、校对，直至涤纶片制作。印刷、装订则由东华书局在当地自行解决。这种合作方式我社是破天荒首次遇到。巢峰信心十足、一口承允，并动员我社各有关部门通力合作，最终及时完成了任务。

三、对辞书界的不良现象展开坚决斗争

20世纪80年代开始，中国的辞书事业走向欣欣向荣，到90年代达到鼎盛。这时也出现了一股歪风。一些失德之人，他们眼热热门辞书的畅销，又不愿花大力气、投入大资金、长时间、踏踏实实地去做新品的开发工作，而是在书名上动歪脑筋，在内容上靠粗制滥造、抄袭剽窃其他优秀辞书的内容来糊弄读者。

巢峰当时是中国辞书学会第一副会长，他义无反顾又责无旁贷，在中国辞书界大声疾呼，号召要勇敢地站出来和这股歪风作斗争，要制止这股歪风蔓延。他和辞书界的有识之士一起，从三个方面展开了坚决的斗争：一是通过剖析，将这些表面上精美实质上粗制滥造、荒诞不经的坏书揭示出来，通过公众报刊让社会知晓、让广大读者知道，避免大众上当受骗；二是通过出版行政机关，对书籍质量要求予以规定，不准粗制滥造、质量存在严重问题的出版物在市场上继续流通；三是通过法院，将剽窃者的铁的事实桩桩件件揭露出来，法院按照知识产权法判定他们有罪，并进行赔偿。

辞书界一度出现的这股歪风，在巢峰和仁人志士的共同努力下终于得到了有力的遏制。

四、老员工敬仰的好社长

（一）为员工解决最困窘、最迫切的居住问题

上海居民的住房问题长期以来都是突出问题，1949 年解放后，市区除新建了曹阳新村、棉纺新村等数得过来的几个工人新村以外，几乎原封不动。20 世纪 70 年代末，有几十万下乡知青涌回上海，居住条件越来越逼仄。我社员工也不例外。我举两个同事的例子：一个是原有两个子女，1963 年又添了一个女儿。一家 5 口，居住在七八平方米的灶披间里，一张双人铺一搭，几乎一半面积去掉了，孩子怎么办？这个同事的办法是找块木板来，一头用小板凳搁起、一头伸进床铺底下（灶披间潮湿不宜睡地铺）。另一个同事一家也是 5 口，夫妻二人、两个男孩再加丈母娘，住的是朝北向 12 平方米左右的居室，也是一张双人床睡两人，其他三人睡觉只能打地铺（他住的是三楼地板房）。

巢峰是南下干部（上海老人称上海解放后由老解放区进入上海的老干部），长期在上海工作，熟知员工的愿望。他当上社长后，趁财务上留有一大笔资金（辞海编辑所原是市财政拨款的事业单位，所有开支均需要先造预算，经上级批准、拨款后才能有所动作。"拨乱反正"后辞书社虽仍属事业单位，财务上却改为企业管理、自负盈亏了。由于 1979 年版《辞海》等辞书的热销留下了一大笔利润，他决心利用这笔资金造房，为员工解困。他叫总务科长

李锦福（也是一位离休干部）脱产去搞住房基建。不负众望，在80年代的短短几年中，他和别的单位一起努力，交出了三大批新建住房。第一批是江苏路桥堍东侧，跟银行系统合建的银鑫大楼，另两批是和兄弟出版社合建的定西路大楼和天钥桥路大楼。这三批每批均有数十套房，均是煤、卫独用，有房有厅的电梯房，规格有一房一厅和二房一厅。这三批住房的落成使我社90年代前进社员工的居住条件大为改善，大家喜笑颜开，庆贺在辞书社得到的大福利。

当然，也有少数不参加福利分房的：一是市属管理的干部，像巢峰本人就是，还有市管干部的配偶；二是员工本人住的是有产权证的私房，得了公房后要套出原住的私房。他们有种种不便，就不参加社里的分房活动了。

社里将这三批自建房分配完毕以后，就将产权交给了房管部门，房管部门接管以后不久，又将这三批房以优惠价格售给原住户。才几年工夫，我们这些住房困难户就变成拥有房产证的有房户了，这是之前做梦也想不到的。你说开心不开心？要不要感谢社领导？

（二）关心员工工资的提高

巢峰主政不久就在一次科室干部会议上提出，要让员工的年工资逐步达到“万元”。这个提法在80年代初是“爆炸性”的。因为报章上提到的“万元户”也是新闻性的。我这个1958年进辞海编辑所的人月薪也只有数十元，遑论70年代末进社的新员工了。工资多少是私密事。年工资要达到万元，月工资起码要有840元，我是哪年达到840元的，我自己也弄不清了，但我1999年退休时是1600多元，年资恰好是“双万元”。我估计当1996年7月巢峰不当社长时，全社员工的年薪都已超过万元了吧！他的预言得到了完全的实现。

（三）原则性强，赏罚分明

我回社工作后，耳闻目睹了这样两件事：

1. 刹住了“炒股风”。80年代末，股市很旺。少数员工的心被吸引了过去，上班时间盯着手机上的股市行情，无心看稿和工作。巢峰得知后，召开会议厉言批评了这一不良现象，并严肃指出：你要留在社里，就收起手机好好工作；你要不改，就请你准备离开辞书社吧！

这次会议以后，少数员工上班时间炒股的现象被刹住了。我记得我社真的也有一位员工离社，一本正经投入股市，去做一名专业的“炒手”了。

2. 评职称看实绩，不唯文凭。巢峰是我社中级职称评委会的主任，对员工职称评定看实绩，不唯文凭。我社有位员工是60年代初进社的、上海名牌大学的毕业生，因为实绩差，连中级职称也没评上，只得了一个助理编辑的初级职称。我私下暗忖，可能是“投胎”错了，他不善文字工作，在别的行业可能要比在出版社更能发挥他的长处吧。

巢峰同志53岁起主政辞书社这方绿地。经其15年的精心耕耘，已经百花齐放、名花荟萃、大树参天，成了欣欣向荣的辞书名园了。

老社长还重视、关心对青年干部的培养和使用，把一批批优秀青年推上各级领导岗位，使辞书事业继续前进后继有人。

老社长关心员工疾苦，解决了他们最迫切希望改善的居住问题并提高了他们的收入，使他们的生活质量得到大幅度的提高。

老社长、好社长，您人虽走了，但您所做的一切仍将永远留在我们老员工的心中！

2023年1月30日

难以忘却的纪念

薛国屏

日前，惊闻上海辞书出版社原社长、总编辑巢峰同志不幸逝世，我们单位的所有同志都十分悲伤。巢峰同志解放前参加新四军，搞宣传工作。他没有上过大学，完全是自学成才。他研究政治经济学，发表了很多文章，后任上海市经济学会会长。他是我们学习的榜样。当年，巢峰同志对我们这些年轻的编辑，既严格要求，又大胆使用，以至于我们除了编辑《辞海》以外，还编辑了不少其他书籍。以我个人来说，还编辑了《地理学词典》《中国名胜词典》《中国古今地名大词典》等。我退休后，还编著了《中国古今地名对照表》。此书2010年4月出版，当年就获得了“全国优秀古籍图书一等奖”，2011年获“华东地区优秀古籍图书一等奖”，2012年又获“上海市优秀图书二等奖”。我还参加《大辞海·中国地理卷》编纂，为副主编。我们除了编辑图书外，还编撰了不少论文，如《慎重处理涉外问题》等。与我个人相关的还有《垃圾堆上捡来的文化名人》，获得中央党校颁发的一等奖。1937年“八一三事变”后，日军占领了上海，很快一路西进到我的家乡江苏武进。次年冬天一队日军来到我家（我家原为书香门第，祖父为秀才，曾祖父为举人），放火烧了我家的房子，又打死了我祖父。我一生下来，我和母亲都大病一场，我父亲（1937年中央大学毕业，失业在家）没钱给我们看病，只得把昏死的我扔到屋后垃圾堆上。后经北风一吹，我又起死回生，大声哭起来，我祖母从垃圾堆上把我捡了回来，用米汤把我养活。我一辈子也忘不了此事。后来我回想此事，写了《垃圾堆上捡来的文化名人》那篇文章。

以上讲的一些事情，都是我个人经历的与巢峰同志直接的或间接的有关事情。我一生得了很多奖，也都是与巢峰直接或间接有关联的。

巢峰同志对我们严格要求，生活上（包括身体和住房）又十分关心。记得1979年版《辞海》编修期间，我花了半年的时间将全国两千多个县市的历史沿革与《大清一统志》和《中国历史地图集》全部核对了一遍，工作量很大。为了赶时间，我日夜工作，不幸突发心肌梗死。我记得那天晚上，巢峰社长派车送我到医院。此后我又大病十年，还出了车祸，差一点死去。我休息了半年多时间就继续工作，还克服了种种疾病（全身浮肿，不时抽筋）。

巢峰同志多次对我说："生命的意义在于奋进，平凡中见高尚，艰辛中有欢乐。"这也是我的座右铭，我永远不会忘记！我们每个"辞海人"都不会忘记！

今天，我在此写了这篇纪念巢峰同志的文章，算是对他老人家的一点告慰吧。

2023 年 1 月 12 日

纪念巢峰同志

卢润祥

智者、学人、思想者巢峰同志远行了！这使我遽然失去了一位严格又亲切的好领导，心中好苦，深感无限悲凉！

出于对他的尊崇，我每年的春节都会为他送上一份贺卡，他也会给我写来亲笔函，彼此互致新年的祝福。只是今年，再也无法这样做了，真的是令人伤感、欲哭无泪！也只能遥望空天送上我的新年祝福，希望他在天国快乐平安！

他住在丁香花园时，离我住处很近，因此我多次在入晚拜访他，每次去，他都是热情接待，要我看看家中整个墙体做的书架上的丰富藏书，并说："你有需要的书尽管先取去。"他亲切勉励我说："你是老职工了，工作上也是努力的，编辑了我社第一部语文词典《简明同义词典》，听说原稿不合格，是兄弟出版社的退件，是你和几位同志花了大气力加工，特别是你重新设计了体例，又提出补充不少经典作家的作品资料，才达到了出版水平，印量多达近百万册……我还听总编办同志说，有位边远地区的初中生写信索取，后收到你特地送他的这本书，来信说这个世界究竟是温暖的，想到有一位远方不认识的老师的关心帮助，打消了自杀念头，想不到一本书可以救一个人的命呀！……”我还记得《宋元语言词典》定稿，我找他签发，他说：“语词难断代，试验品允许不完美，也不能求全责备。我信得过的，不会有什么大事！”并立即在发稿单上签了字。他对下属没有架子，又充分信任和尊重，工作十分深入细致，给我印象很深。

他一直都十分注重选题的开发，认为出好书是出版社的神圣使命，一个出版社的生命力就在于不断更新出版物的品种，开发出适合读者需求的书，因此，他拍板同意了鉴赏辞典系列的开发。他还提出出版一套“熟读”系列的书，如《熟读古文一百篇》等，记得是不少于七八本的一套。事实证明，“熟读”系列又是我社广受读者好评欢迎的品牌书。此外，他提出组织编写的《简明社会科学辞典》等也广受读者欢迎，销量很大。记得有一年社里编写《法学词典》要组织人员去杭州湖滨饭店定稿，巢峰说我比较熟悉古书，指定我临时调出语词室，和冯英子先生一起去哲社室帮忙，好像时间长达一个多月。我的工作很简单，就是按要求复查引文资料的准确性，将出处记录在稿件下方，足见他对释义之本的资料真实的重要性的认识。不久，《法学词典》就正式出版了，成为我社重要的社科类工具书之一。

在我退休之前的五年，即1992年，由于社里工作需要，巢峰同志要我从语词室出来，去负责《辞书研究》编辑部工作，我心里当时老大不愿意，不舍得离开编书岗位；又觉得自己是个书呆子，学识、能力不堪此任。当时社领导也包括巢峰同志竟对我连续三天作了动员，最后我只好“赶鸭子上架”般走上了新的工作岗位。五年的编辑部主任工作磨炼了自己，使我熟悉了辞书界，也写出了像《试论辞书学独立性》《论辞书选题中国化》《释义十要》《例证十要》等理论探索的文章，五年的工作成为自己人生的一段宝贵经历！

退休后，上海文艺出版社邀请我去帮忙做《语海》的工作，还说为我专门辟了个办公的地方。我找到巢峰同志告知此事，他说：“你还能做事，李伟国也把你留下了，不过文艺社要你帮忙你就去吧，我也不好拦你……”但是实际上他对我的离开一直是十分不舍和牵挂的，听说讲了几次要把我调回去工作，这时我已被当时汉语大词典出版社阮锦荣社长聘任为顾问了，但还是在他亲自关心下，很快从汉语大词典出版社回到上海辞书出版社，被分配到文教室，参加编辑《小辞海》的工作好几年……

巢峰同志性格刚烈，做报告语言生动，语调有节奏感，很吸引人！他快人快语，又疾恶如仇，对下属亲切，平易近人。记得有一次晚上临时过组织生活，稍晚了，他还拿出自备的饼干招待大家，心疼大家没有来得及吃晚饭会饿肚皮。他为人有正义感，是他领导我们《辞书研究》编辑部对王同亿劣质词典进行批判，指示我搜集杂文家有关文章，并要求我组稿编一本《发人深思的笑话》的书并及时签发出版。

……

逝者已矣！时光是多么冷酷无情！逝去的珍贵一切再也无法挽回，曾经的岁月与再多思念也不会留下痕迹了！但是时代会记得逝者的贡献和伟业，一定不会忘记他！

正是：魂留《辞海》，修订宝书，敢为人先，天地存丰碑；情系出版，策划典籍，勇为创新，日月留美名。

巢峰同志安息！

2023 年 3 月 17 日

忆巢老

陈　乐

巢老是一位慈祥又令人尊敬的出版大家，我与他的相识交集时间并不长，但他确实是我一生中重要的前辈。记得有一位学者曾说过，人的一生有过交往的人不超过一万，认识的人也不过数千，相知而共事的人不过数百，相识深交的人不超过十位。对我而言，巢老就是我那不超过十位的深交者之一。

记得我是1996年因工作关系调进上海辞书出版社的，原是打算调科技编辑室从事编辑业务工作。后因当时辞书出版社要成立党委办公室，社领导发现在我的工作履历中有从事过党务工作的经历，所以让我暂时留在党委办公室工作。我考虑到自己缺少编辑工作经验，而党务行政工作有些基础，便服从组织的安排。党委办公室和社长办公室是合署办公，同时我还兼社长办公室的行政秘书，这样和巢老的交集就更多了。同年10月，我正式调进了社长办公室（党委办公室）。

在与巢老的相处中我深感，他不仅是位德高望重的领导，而且是我工作中的良师益友，我常感到他那父辈般的关怀与爱护，及对我工作上的指导，与巢老的相处使我受益匪浅。

巢老的情与义

巢老十分重情重义。在辞书出版社有个人人皆知的小秘密，就是巢老有个“小金库”，由财务科代为管理。“小金库”资金的来源，是巢老的稿费，还有奖金等。来源虽不多，但是它的用途却很广，我在社长办公室担任秘书期间，负责过资金的使用。巢老接待各地来沪的专家学者及老朋友，按理这些费用可以从社里报销，但巢老从不在社里走账，而从他的“小金库”报账，他说不要给社里增加负担。许多老同志退休多年，不知道他们的生活情况如何。巢老常召集他们聚个会，吃个饭，沟通联络感情。这些费用也是从他的“小金库”报账，由我经办的不下十余次。

曾经我们社提倡开展开源节流活动，取消了各部门的公费订报。巢老自费为辞海办公室订阅了工作用的报纸。他还用“小金库”的钱为家乡修路，造福家乡的乡亲。对家乡来的人，他总是解囊相助。记得有一次，他让我急备2000元现金。原来是家乡的一个青年上学，他知道后要给予资助鼓励，但身边现金不够。此类事不胜枚举。

记得有一年，中国辞书学会在沪召开换届选举会，会议在田林宾馆举行。会议结束后巢老亲自去看望老会长曹先擢夫妇，同时表达第二天无法送他们的歉意，因为第二天巢老要参加在上海大学召开的上海市辞书学会会议。所以，他特别嘱咐我一定要招待照顾好曹先生夫妇，直到把他们送到机场。他对老同志有情有义、有礼有节，令人十分感动。

巢老有一种不怒而威的气场，其实他是一位十分和善、极富同情心的人。我记得，只要有员工遇到工作生活上的困难，他总在社领导办公会上积极提出妥善解决方案，为员工排忧解难。

在工作作风上，巢老雷厉风行，遇事不惊，处事决断，他的威严让人敬畏，但他并不专断。记得有一次，因工作上的问题，他毫不客气地批评了下属。后来，他了解到之前掌握的情况有误，便亲自向下属赔礼道歉，承认自己批评不当。这种胸怀让人由衷敬佩。

巢老将自己的许多书籍与各种资料毫无保留地捐赠给中国近现代新闻出版博物馆。在日常工作中，他每隔一段时间就会让我帮忙整理各种书报杂志，捐赠给社里的图书馆。在历次的各种捐赠活动中，他总是率先带头，在办公室里捐款最高的一位总是他。

巢老十分自律，有着良好的工作习惯，传阅批复文件从不隔夜，当日的工作当日清，未了工作一一有交代。他办公室的桌面十分干净，井井有条。交办的工作要求及时落实，从不拖泥带水。曾有社里的职工问我，你成天和老领导打交道，不怕他吗？我含笑不语，心想那是你对他不够了解。巢老是一个很好相处的人，记得一次工会组织春游到浙江的大奇山。他兴致勃勃地与大家一起爬山，一路谈笑风生。虽然穿着皮鞋，他还是坚持爬到了山顶。要知道社里有许多年轻的编辑都没有坚持下来。

情系《辞海》

巢老的一生与《辞海》的编纂出版工作紧密相连。他说，《辞海》的编纂是一项重大的系统工程，是向新中国建国逢十周年的献礼书。为了完成这个政治任务，对《辞海》编纂工作中的所有环节，社里制订了一套周密的计划，由巢老亲自审定。他形容这是一场战斗，只能赢，不能输。在编纂过程中出现的问题常使他寝食难安，他本来就有的失眠症更加严重，这大大影响他的精力。为了确保《辞海》的编纂质量，社里组织了各专科的老编审和专业人员进行通读，专项检查。大家接力流水作业，为了保证进度，大家定时定量，进行审稿，以保证不脱节。他由于用眼过度，几度眼血管出血，满眼通红，并有刺痛和不适感。医生劝他多休息，减少用眼，但巢老仍坚持上班，通读稿件从未在他手中积压。他说：这项工作耽误不起，一个人的拖延最后就影响到整个稿件的流转进度。

巢老的一生为《辞海》的编纂事业呕心沥血，直到晚年，一直坚持上班到因病住院。在医院里他还十分挂念《辞海》的修订工作，对前往探望的同志一聊就离不开《辞海》，大家都劝他可以放下心，安心养病。但这是他坚守了大半生的事业，他为之付出了毕生的心血，在情感上是难以割舍的。

自从巢老入院以后，我每年都去看望他。但这两年，因为新冠疫情的影响，华东医院对探视的管理十分严格，前去探望未能如愿，也未能在巢老临终时送他一程，我感到十分的遗憾。我至今仍记得最后一次探望结束，他拄着拐杖在护工阿姨的陪同下，一直将我送到电梯口。可我万万没想到，这是与巢老的最后一别。

如今，斯人已去。留给我们的是无尽的思念。愿为《辞海》操劳一生的巢老在天堂，仍然关心和祝福《辞海》的未来。7 月 5 日是巢老的诞辰，我们衷心祝巢老快乐，您永远活在我们心中。

2023 年 6 月 30 日

人已逝，书长存

——回忆巢峰先生

刘 琼

我第一次听到巢峰先生的名字，还是在武汉大学就读硕士研究生时。当时学院组织了系列讲座，巢峰先生就是主讲嘉宾之一。至今我仍清晰地记得他纹丝不乱的黑发、炯炯发亮的眼睛、铿锵有力的声音和亲切的苏北口音，那次讲座也令我对上海辞书出版社有了深刻印象。

硕士论文的题目，我选的是“我国图书重版状况分析研究”。这方面的材料很少，为此我专程赴北京查找资料，给各出版社的总编办公室写信，请求他们提供近年的重版数据，又提笔向巢峰先生和林穗芳先生写信求教。出版界的老前辈对后学总是勉励有加，两位先生都很快给我复了信。巢峰先生在回信中肯定了我的想法，同意我对“重版”和“重印”的认识，说我国的重版书其实很少，而重印书则很多。他在信中说：“要重版就要修订。修订能延续图书的生命。《辞海》在1936年出版。解放后，一切都变了，36年版《辞海》就不能用了，所以就有《辞海》（未定稿）的出版；经过‘文革’洗劫，又对未定稿做了修订，出了1979年版；其后又有1989年、1999年版。《中国大百科全书》的第二版至今未出，而第一版的内容就显得陈旧了。大百科出版社正全力以赴修订出版该书，也是这个道理。各个国家的大百科全书也无不如此。凡是需要修订重版的书，基本上都是有价值的图书；如果没有价值，何必劳民伤财、劳师动众呢！”他还表达了对我做这个专题调研的美好祝福。两位先生的回信给了我莫大的鼓舞，最终我顺利完成了毕业论文的撰写和答辩。

自此后，《辞海》和上海辞书出版社就是我心目中工具书和工具书出版社的典范。毕业后，我也满怀对工具书的憧憬，选择进入上海辞书出版社工作。

在辞书社，我时常看到巢峰先生。那时社里有家理发店，巢峰先生每周都去，头发染得乌黑发亮，修剪得整整齐齐，举手投足干净利落，走起路来虎虎生风，根本看不出是年过七十的老人，颇有挥斥方遒的风姿。年终会上，大家起哄请他唱歌，他也毫不推却，爽爽气气地拿起话筒来就是一段民歌。苏北话并不好懂，不过听不懂并不要紧，大伙儿立刻会被他的情绪所感染，场面异常地热烈活泼。我看着平素严肃此时开怀大笑的巢峰先生，好似发现了新大陆，暗自微笑。

那时的我在发行所从事业务工作，跟巢峰先生接触很少。后来调到编辑部门，曾为巢峰先生送过材料，他喊住我，打开他的新书《出版论稿》和《政治经济学论稿》，当场在两本书上签名并赠送给我。我很意外，也非常兴奋，双手捧着书回到办公室，立刻翻开阅读，读完就放在书架上最便于拿取的位置。之后搬过不少次办公室，也处理掉很多书，这两本书始终在我的书架上。

巢峰先生是如此的精力充沛和不知疲倦，我一度以为他是不会老的；而我作为后学晚辈，不去叨扰他，却能够时不时在辞书大院里看到他的身影，听到同事们说起他的辉煌事迹，帮打字的同事辨认一下他的手迹，已经很愉快了。

2017 年 10 月起，我负责辞海办公室的具体工作，《辞海》（第七版）的修订工作也进入最紧张的时期，在可以近距离向巢峰先生请教的时候，他由于身体原因不再来社，后来住进华东医院休养。听说在医院里，他还是保持着规律的作息，精神和身体状况良好，每天跟住院部里固定的病友打麻将，喜欢吃红宝石的鲜奶小方。在休养阶段，他一如既往地关心着《辞海》，我们每次去医院探望他，他都会问起近期的修订工作，而只要说到《辞海》，他的眼中就闪闪发光，这种关切让我们深受鼓舞。无论谁去探望他，他都会坚持送到电梯口，等电梯门关上才回房。望着他瘦削的身影，感受到的是他对《辞海》的满腔深情，他希望后继者能将这部近百岁的辞书一版接一版地持续编修下去，造福后人。

最后一次见到巢峰先生是2021年1月17日，他的脸庞比之前略微丰满一些，护工阿姨特地给他换上墨绿色的外套，披上红色的睡袍，显得气色很好。当时《辞海》(第七版)已经出版，网络版也已推出测试版，我们在手机上演示网络版的各项功能，巢峰先生非常高兴，特地戴上眼镜认真观看，不断询问相关情况。之前我们一直担心他的身体，看到他一切如常，我们也很兴奋，计划着以后一个月探望一次，多陪他说说话。却没想到之后由于疫情，除至亲外，医院不再许可其他人探视。再后来就是今年年初，得到了巢峰先生过世的消息……

在准备追思会播放的视频时，屏幕上的巢峰先生与我接触到的巢峰先生在我眼前不断交织，前者是传说中才智过人的硬派“战士”，后者则是对后辈谆谆嘱托的慈祥长者，在朦胧中合为一人，逐渐远去。留下的，是比人长寿的卷卷辞书。

2023年7月24日

追忆巢峰老师

李　纳

清明时节，再次追忆巢老师，脑海中不禁又浮现出这样的场景：陕西北路457号上海辞书出版社，一个熟悉的身影再次出现，虽然满头银发，但腰背挺直，步伐稳健，历经沧桑的眼睛炯炯有神，透出智慧的光芒……这就是巢老师。这样的场景，在我入职后的许多年中几乎每天出现。辞书社的一草一木对他来说都显得那么熟悉和亲切。从大门口到二楼的办公室，一路上不时会碰到同仁，他会停下来关切地问起他们的工作等情况；年轻的编辑在了解眼前这位老人不平凡的事迹后，无不向他投来钦佩的目光……我就是当时其中的一员。

进入辞书社、辞海编纂处工作后，我有幸先后参加了《辞海》第六版、第七版的编纂出版工作，逐步深入地了解了《辞海》，了解了巢老师，心中常常涌动着感动和敬佩之情。

感动于巢老师对《辞海》深厚的感情，他曾深情地表示，“这么多年来，我的生命就是跟编纂《辞海》交织在一起的”，“我老去，但相信《辞海》不会老”。也正因为如此，他又是那么希望《辞海》能承前启后，继往开来。在聆听他的讲话和讲座时，在阅读他的文章和相关报道时，他的这种浓烈的感情和热切的希望，常常让我动容。这种感情和希望来自他对辞书事业、出版事业强烈的使命感和责任感，激励着年轻一代的编辑投入《辞海》编纂、辞书出版工作中。

敬佩以巢老师为代表的“辞海人”，以读者为本，求真务实，潜心磨砺，开拓创新，形成“一丝不苟、字斟句酌、作风严谨”的“辞海精神”，将《辞海》打造成为时代精品，嘉惠社会。在从事《辞海》工作的过程中，我真切地感受到“辞海精神”和这些优良传统无处不在，它们凝结在《辞海》前辈经验总结的真知灼见中，体现在如琢如磨的收词审稿中，贯穿在质量保障体系的各项制度中，反映在顺应时代发展不断创新的编纂手段和传播方式上。我怀着敬畏之心，像一朵浪花融入《辞海》这片浩瀚无边的海洋，从中得到了切实的锻炼，逐步成长起来。越来越多的青年编辑也遨游于这片海洋，历练成长，努力成为劈波斩浪的前行者。

《辞海》，奔腾着波澜壮阔的历史，翻卷着风起云涌的时代。2021 年《辞海》网络版发布，开启了百年《辞海》新的发展阶段。

未来的《辞海》将扩大优质内容供给，探索编纂、呈现、传播、服务新方式。《辞海》薪火相传，青年编辑会步武前贤，赓续传统，继承发扬“辞海精神”，与时俱进，投身《辞海》新的建设征程，服务于中国式现代化的文化繁荣发展！

附录

Appendix

巢峰同志论出版

毛泽东同志说过：“人是要有一点精神的。”同样的道理，从事出版事业就要有出版事业的精神。出版工作就是要有为人作嫁衣的精神，就是要有一丝不苟、作风严谨的精神，就是要有高度负责的精神。精神是什么？就是灵魂，没有精神就失去了灵魂，什么事情也办不好。

创新、求新、面目一新，是出版人永远的追求！

一个真正的、合格的编辑工作者，不断加工书稿，出版图书，向读者输送精神食粮，提高人们的文化和思想素质，应该是当之无愧的人类灵魂的工程师，是值得自豪和骄傲的！

辞书事业是不朽的事业！

每次修订《辞海》，都是探索真理的过程，即认识和改正错误，并使之转化为真理或接近真理的过程。

辞书工作者要有忘我的奉献精神、正确的指导思想、严谨的工作作风、科学的工作态度。

"辞海精神"首先就是一种奉献精神，搞《辞海》实在是一不为名，二不为利！第二是科学态度。《辞海》是一个科学的体系。第三就是严谨的作风。江泽民同志题词"发扬一丝不苟、字斟句酌、作风严谨的辞海精神，为提高中华民族的文化素质而努力"，《辞海》是真正做到了。第四是创新意识，《辞海》十年修订一次，每个版本都有创新。还有就是整体观念和严明的纪律。

搞辞书就是要如切如磋，如琢如磨，板凳要坐十年冷，文章不写一字空。

特大型辞书，调动千军万马，可谓"三分编写，七分组织"。

对于精神产品，社会效益第一，经济效益第二，是处理两者关系的唯一原则。

见钱不见书的出版者，是劣等的出版者；见书不见人的出版者，是平庸的出版者；而以提高人的素质和加强社风建设为治社之本，以出好书为强社之路的出版者，才是具有远见卓识的出版者。

好的思想，好的作风和好的队伍，不是天上掉下来的，而是不断努力抓出来的。抓队伍的思想建设和作风建设，如同逆水行舟，不进则退。"养之三年不足，毁之一日有余。"

主要作品

著 述

《我们丢失了什么:“王同亿现象”评论文集》(合著),商务印书馆1999年7月出版。

《政治经济学论稿》,复旦大学出版社、上海辞书出版社2007年6月出版。

《出版论稿》,复旦大学出版社、上海辞书出版社2007年6月出版。

《巢峰辞书学论稿》,上海辞书出版社2011年12月出版。

《辞书记失——一百四十三个是与非》,上海辞书出版社2013年8月出版。

《品德千字文》(拼音版),上海辞书出版社2016年11月出版。

《品德三字经》(拼音版),上海辞书出版社2016年11月出版。

《巢峰品德修身读本》,上海辞书出版社2017年7月出版。

主 编

《简明社会科学词典》,上海辞书出版社1982年9月出版。

《简明马克思主义词典》,上海辞书出版社1990年1月出版。

《社会科学争鸣大系(1949–1989)》“部门经济卷”,上海人民出版社1993年6月出版。

《毛泽东思想研究大系》“总论卷”,上海人民出版社1993年11月出版。

《毛泽东思想大辞典》,上海辞书出版社1993年12月出版。

《邓小平思想理论大辞典》,上海辞书出版社1994年12月出版。

《儿童辞海》,上海辞书出版社1994年12月出版。

《儿童辞海》(普及本),上海辞书出版社1995年12月出版。

《学生辞海》,上海辞书出版社1997年12月出版。

《小辞海》,上海辞书出版社2016年12月出版。

主要荣誉

1986年7月	被中共上海市出版局委员会评为优秀党员。
1987年	获新闻出版署、中国出版工作者协会颁发的荣誉证书。
1991年7月起	享受国务院政府特殊津贴。
1996年12月	获首届全国百佳出版工作者奖，并出席在北京召开的表彰大会。
1997年11月	获第五届中国韬奋出版奖，出席在珠海召开的颁奖大会，并代表获奖者发言。
2000年8月	作为党中央、国务院邀请的50位文化界优秀工作者代表之一，赴北戴河疗养。
2001年	获中国出版工作者协会颁发的荣誉证书。
2006年5月	获中国辞书学会辞书事业终身成就奖。
2008年12月	获中国出版荣誉纪念章。
2009年12月	入选“新中国60年百名优秀出版人物”。
2010年12月	获第二届中国出版政府奖优秀出版人物奖(优秀编辑)。
2011年12月	电视片《巢峰》在2011年全国党员教育电视片观摩交流活动中被评为优秀作品。
2018年11月	获“中国十大优秀出版编辑”荣誉称号。
2022年8月	获中宣部颁发的全国出版专业技术人员职业资格考试20周年荣誉证书。

巢峰同志生平年表

1928年7月5日	生于江苏省阜宁县。
1942年6月	参加新四军。
1945年9月	加入中国共产党。
1947年7月–1952年6月	任江苏省苏中第二行政区专员公署（简称苏中二专署）财政处会计、副课长，苏北行政公署扬州公署审计室主任，苏北行政公署财政处副科长、科长。
1952年6月–1954年8月	任交通银行苏北分行科长、江苏省分行计划科副科长，江苏省财政厅行政财务科副科长、财务一处副处长。
1954年8月–1958年9月	任华东新闻出版局、上海市新闻出版事业管理处、上海市出版局第二科副科长、办公室副主任、计划财务处副处长。
1958年9月–1977年12月	任上海人民出版社副总编辑。
1978年1月–1980年4月	任上海辞书出版社副总编辑、副社长。
1978年12月起	任《辞海》编委。
1979年1月	提议并起草《〈辞海〉（合订本）处理稿件的几点具体意见》，经编委会领导审定通过后执行。
1979年	《辞海》（第三版）问世前后，主持制订上海辞书出版社二十二年辞书出版规划。
1980年4月–1986年5月	任上海辞书出版社副社长、副总编辑（1981年5月起主持全社工作）。
1981年初	综合学者的建议，在《辞海》主编会议上正式提议，每隔十年修订一次《辞海》。
1983年	提出“出版经济学”概念。
1984年1月	在《辞海》主编扩大会议上被增补为《辞海》副主编。

1984年6月–2010年3月	任上海市社会科学界联合会副主席。
1986年5月–1988年5月	任上海辞书出版社党组书记、社长兼总编辑。
1988年4月	当选政协上海市第七届委员会常委。
1988年5月–1993年1月	任上海辞书出版社社长兼总编辑。
1988年11月–1992年10月	任上海市经济学会会长。
1989年5月–1994年2月	兼任上海人民出版社社长、总编辑。
1992年10月	当选中国辞书学会第一副会长。不久以代会长身份主持工作。 是月起，任上海市经济学会名誉会长。
1992年12月	当选中共上海市第六次代表大会代表。
1992年	发表《出版改革的大趋势》，阐述了建立适应社会主义市场经济体制的出版体制问题，引起广泛关注。
1992–1997年	组织辞书界痛斥“王同亿现象”，持续推动净化辞书出版环境。
1993年1月–1993年12月	任上海辞书出版社党组书记、社长。
1993年2月	当选上海市第十届人民代表大会代表。
1993年11月–1999年4月	任第三届上海市出版工作者协会副主席。
1993年12月–1996年7月	任上海辞书出版社党委书记、社长。
1994年	建议创办中国辞书奖（后称“国家辞书奖”），得到新闻出版署的支持。
1994–1995年	《图书市场竞争论》在《中国新闻出版报》分六次连载。
1996年4月起	具体主持《辞海》编委会常务工作。
1996年7月–1999年7月	任上海辞书出版社党委书记。
1997年10月–2002年12月	任上海市编辑学会会长。
1997年11月起	任中国辞书学会名誉会长。

20世纪90年代中期	提出《辞海》工作的“四严”要求，即“严谨的作风、严肃的态度、严格的纪律、严密的制度”。
2001年2月起	任《辞海》《大辞海》常务副主编。
2001年4月	当选中国编辑学会第三届理事会副会长。
2003年初	提出和推动建立辞书出版准入制度、辞书质量检查制度。
2005年	提出中国出版业出现“膨胀性衰退”的命题，强调要通过出版改革来解决这一问题，激起业内热烈讨论。
2008年12月–2014年11月	任上海市编辑学会名誉会长。
2010年	离休。
2014年12月起	任上海市编辑学会顾问。
2023年1月8日	在上海去世，享年95岁。

图书在版编目(CIP)数据

巢峰先生纪念文集／上海辞书出版社，辞海编纂处编. —上海：上海辞书出版社，2023
ISBN 978-7-5326-6176-3

Ⅰ. ①巢…　Ⅱ. ①上…　②辞…　Ⅲ. ①巢峰(1928－2023)－纪念文集　Ⅳ. ①K825.42－53

中国国家版本馆 CIP 数据核字(2023)第 234140 号

CHAO FENG XIANSHENG JINIAN WENJI
巢峰先生纪念文集
上海辞书出版社　辞海编纂处 编

责任编辑　徐　杰
装帧设计　王轶颀
责任印制　曹洪玲

出版发行　上海世纪出版集团
上海辞书出版社®(www.cishu.com.cn)
地　　址　上海市闵行区号景路 159 弄 B 座(邮政编码：201101)
印　　刷　上海盛通时代印刷有限公司
开　　本　889 毫米×1194 毫米　1/32
印　　张　8.25
字　　数　168 000
版　　次　2023 年 12 月第 1 版　2023 年 12 月第 1 次印刷
书　　号　ISBN 978-7-5326-6176-3/K·1258
定　　价　60.00 元

本书如有质量问题，请与承印厂联系。电话：021-37910000